Max Schultze

Die Hyalonemen

Ein Beitrag zur Naturgeschichte der Spongien

Max Schultze

Die Hyalonemen
Ein Beitrag zur Naturgeschichte der Spongien

ISBN/EAN: 9783743401952

Hergestellt in Europa, USA, Kanada, Australien, Japan

Cover: Foto ©berggeist007 / pixelio.de

Manufactured and distributed by brebook publishing software (www.brebook.com)

Max Schultze

Die Hyalonemen

DIE
HYALONEMEN.

EIN BEITRAG ZUR NATURGESCHICHTE

DER

SPONGIEN

VON

MAX SCHULTZE

ORD. PROFESSOR DER ANATOMIE UND DIRECTOR DES ANATOMISCHEN INSTITUTS ZU BONN.

MIT FUNF ZUM THEIL IN FARBENDRUCK AUSGEFÜHRTEN TAFELN.

BONN.
BEI ADOLPH MARCUS.
1860.

Inhalt.

	Seite
Einleitung	1
Beschreibung der meinen Untersuchungen zu Grunde liegenden Exemplare	6
Die langen Fäden des Kieselfadenstranges	11
Der Schwammkörper am unteren Ende des Kieselfadenstranges	19
Der Polypenüberzug des Kieselfadenstranges	27
Schlussbetrachtungen	33
Erklärung der Abbildungen	42

Unter den mancherlei sonderbaren Thierformen, die das japanische Inselreich auszeichnen und deren Kenntniss Europa zum grossen Theile dem unermüdlichen Eifer des Obersten *von Siebold* verdankt, stehen mit in erster Linie die merkwürdigen Kieselfadenbüsche, von denen *Gray* eine erste Notiz in den Proceedings of the zoological society of London 1835 p. 63 gab, und die er den Polypen unter dem Namen H y a l o n e m a S i e b o l d i anreihte. Es handelt sich um etwa fingerdicke Stränge glasartiger F ä d e n a u s K i e s e l e r d e, deren Länge meist über einen Fuss beträgt, deren Dicke zum Theil die einer dünnen Stricknadel erreicht und die in langgezogener Spirale uneinander gewunden zu einem Bündel wie ein locker gedrehter Strick vereinigt sind. An beiden Enden, wo sich die Kieselfäden allmählig fein zuspitzen, endet der Strang ausgefasert, es müsste denn das eine derselben in einem aus feinen Kieselnadeln gewebten Schwammkörper versteckt liegen. In der Mitte pflegt der Strang von Kieselnadeln in grösserer oder geringerer Ausdehnung einen braunen Ueberzug lederartiger Substanz zu besitzen, aus welchem dichter oder dünner stehende Knöpfchen hervorragen, welche zusammengezogenen kleinen Actinien ähnlich sehen.

Das sind die Gebilde, welche *Gray* beschrieb. Sie sind in dem Zustande, in welchem sie sich in den Sammlungen vorfinden, nämlich trocken und oft an den Enden und dem polypenähnlichen Ueberzuge sichtlich verletzt, in Japan und China käuflich zu haben, da sie zu Schmuckgegenständen der Zimmer oder zum Putz der Menschen verarbeitet werden. Doch sind sie in Europa noch sehr selten; wir wissen nur von Exemplaren derselben in den Museen von London, Paris, Leyden, Petersburg und Carlsruhe.

Gray betrachtet das H y a l o n e m a als einen P o l y p e n s t o c k, dessen harte Axe, entsprechend etwa derjenigen der Gorgonien, der Strang von Kieselfäden sei, während in den kleinen becherförmigen Erhabenheiten auf der Oberfläche der lederartigen Rinde die Polypen ihren Sitz gehabt haben sollen. Von den Polypen selbst glaubte *Gray* nichts erhalten zu finden. Die lederartige Hülle zeige bei mikroskopischer Untersuchung äusserlich anhängende Sandkörner und innen kleine Kieselspicula. Nach dem unteren Ende gehe der Kieselfadenstrang in einen Schwamm über, vermittelst dessen der Polypenstock an fremde Körper befestigt werde. Der Schwamm komme zwar auch für sich vor, aber der Polypenstock nicht ohne den Schwamm.

Gegenüber der grossen Gleichförmigkeit, welche innerhalb der Klasse der Polypen in Betreff der Formation und chemischen Beschaffenheit der Hartgebilde herrscht, welche entweder wesentlich aus kohlensaurem Kalke oder wie bei dem Axenskelett der Gorgonien aus einer faserig hornigen, dem Chitin verwandten organischen Substanz bestehen, musste das Vorkommen von lose aneinanderliegenden Kieselfäden als Axengebilde eines Polypenstockes in hohem Grade überraschen[1]). Wenn man auch sonst auf geringe Schwankungen in der chemischen Zusammensetzung der Skelettheile der Polypen in der Systematik besondere Rücksicht zu nehmen keine Veranlassung hatte — hier musste Jeder die fundamentale Verschiedenheit fühlen, daher an eine definitive systematische Einreihung der neuen Gattung, zumal Notizen über den Bau der Polypenthiere ganz fehlten, nicht gedacht werden konnte. Ja die Angaben *Gray's* in Betreff der jedenfalls sehr eigenthümlichen Verbindung des Kieselfadenstranges mit einer am basalen Ende ansitzenden Spongie konnte den Verdacht erregen, dass hier doch vielleicht die Kieselfäden mehr auf den Schwamm zu beziehen seien, da ja bekanntlich bei den Schwämmen aus Kieselerde bestehende Hartgebilde in Form von Nadeln oder Fäden etwas ganz Gewöhnliches sind. In der That gelangte ein derartiges Urtheil in die Oeffentlichkeit, und zwar war es *Valenciennes*, der berühmte Bearbeiter der Gorgonien, welcher auf eigene Anschauung gegründet (in dem Museum des Jardin des plantes befinden sich einige Exemplare des Hyalonema) zu der Ansicht gelangte,

---

[1] Ich muss hier an die Angaben *Jules Haime's* erinnern (Ann. des sciences natur. 1849. T. XII. p. 224), dass in der Polypenrinde einer Antipathes-Art, verwandt der Leiopathes glaberrima, Kieselspikula vorkommen. *J. Haime* untersuchte, wie er anführt, mit vollständigem Polypenüberzuge getrocknete Stücke. Die Polypen glichen Zoanthinen. Die Kieselnadeln, welche wohlgemerkt nicht in der harten Axe, sondern in dem Polypenüberzuge sassen, waren langgestreckt, spindelförmig, einige mit Einschnürungen in bestimmten Abständen versehen, glänzend wie Spongiennadeln und wie diese mit einem Längscanal in der Axe versehen. *J. Haime* suchte an anderen Antipathes-Arten vergeblich nach diesen Gebilden. Ich habe an einer im Senkenbergischen zoologischen Museum in Frankfurt a. M. aufgestellten Antipathes, der glaberrima nicht unähnlich, einen grossen Theil des Polypenrinde wohlerhalten angetroffen und durch Vermittelung des Herrn Dr. Lucae daselbst zur mikroskopischen Untersuchung erhalten. Hervorragende Polypenknöpfchen wie bei den Zoanthinen waren an diesem Ueberzuge nicht zu sehen. Die mikroskopische Untersuchung zeigte nach dem Aufweichen in Wasser und Kalilauge sehr zahlreiche den Gorgonien-Spikula in der Form verwandte, kleine, bräunlich gefärbte Kalkkörper. Wie sich erwarten lässt, hat der Polyp der Antipathes mit dem der Gorgonien Vieles gemein — jedenfalls, wie aus meiner Beobachtung hervorgeht, die Kalkkörper. Von Kieselspikula war nichts zu sehen. Sollten die von *J. Haime* beobachteten Kieselnadeln nicht vielleicht echte Spongiennadeln gewesen sein, die der Oberhaut des Polypen eingewachsen waren, wie wir solche bei dem Polypenüberzuge der Hyalonemen unten beschreiben werden? Ja sollte nicht der von *J. Haime* untersuchte Polyp ein auf dem Antipathes-Stock parasitisch angesiedelter Zoanthus, Palythoa oder verwandter Polyp gewesen sein? Nach der Beschreibung möchte ich das erwarten, und dann erklärt sich der Gehalt an Kieselbildungen der Haut ganz einfach, indem den Zoanthinen bekanntlich eigenthümlich ist, dass sie fremde Körper aller Art in ihrem Gewebe ansammeln.

der Kieselfadenstrang gehöre zur Spongie; welche Ansicht, wie es scheint nur auf Grund mündlicher Mittheilung, *Milne Edwards* seinen Werken über die Systematik der Polypen einverleibte. So findet sich in der von ihm und *Jules Haime* herausgegebenen Monographie der brittischen fossilen Korallen Einleitung p. LXXXI[1]) folgende Notiz: „The genus Hyalonema established by Mr. Gray is also referred by some zoologists to the tribe of Gorgoninæ, but the recent observations of Mr. Valenciennes tend to establish, that the fasciculus of siliceous threads, which constitute the axis of this singular production belongs to the class of Spongidae, and the polypi which we have observed in a dried state or different parts of the axis appear to be parasites belonging to the order of Zoantharia"; ferner in der Histoire naturelle des Coralliaires Tom. I, 1857. p. 234: „Je dois ajouter cependant que suivant M. Valenciennes ce singulier zoophyte appartiendroit à la famille des éponges".

Auf die erste der Monograph of the british fossil corals entlehnte Notiz antwortete *Gray* sogleich in den Annals and Magazine of natur. history 1850. vol. VI. p. 306, und suchte die Polypennatur der in Rede stehenden Gebilde zu vertheidigen, indem er darauf aufmerksam machte, dass es doch schwer denkbar sei, dass auf dem Kieselskelett sich immer derselbe Polyp parasitisch festsetzen sollte, wie er in der That auf allen Exemplaren gefunden werde; auch sei ein so inniger Zusammenhang der lederartigen Hülle und der Masse, welche die einzelnen Fäden unter sich verklebe, dass ihm die Zusammengehörigkeit des Axenstranges und der Rinde unzweifelhaft scheine. Ausserdem fände sich eine gewisse Aehnlichkeit im feineren Baue der Kieselfäden mit dem Axenskelett der Gorgonien. Jeder der ersteren sei nämlich fein concentrisch geschichtet, wie dies der Axenstrang der Gorgonien im Ganzen sei, so dass er keine Schwierigkeit fände, Hyalonema in die Nähe der Gorgonien zu stellen. Später[2]) gab ihnen *Gray* eine Stelle im System der Polypen mit gefiederten Tentakeln (Alcyonaria), als besondere Ordnung unter dem Namen Spongicolae, um anzudeuten dass sie ihre Wurzel in einer Spongie haben, gegenüber den Sabulicolae, d. h. den in losem Sande wurzelnden Pennatuliden und den Rupicolae, welche wie die Gorgonien und Edelcorallen auf hartem Felsboden festwachsen. Man sieht daraus, dass *Gray* seiner eigenthümlichen Ansicht, dass Spongie und Polyp mit Kieselfadenaxe, trotzdem sie in ganz verschiedene Klassen der belebten Wesen gehören, ein zusammengehörendes Ganze bilden sollen, bis in die neueste Zeit treu geblieben.

Eine genaue mikroskopische Untersuchung aller Theile der in mehrfacher Beziehung räthselhaften Gebilde hätte zur Entscheidung der wahren Natur derselben viel beitragen

---

1) Citat wörtlich nach *Gray*, Ann. and Mag. of nat. hist. 1850, vol. VI, p. 306.
2) Ann. and Magaz. of nat. hist. 1859. vol. IV, 3. ser. p. 439.

können. Eine solche vermissen wir aber auch in der neuesten über die Hyalonemen verfassten Arbeit von *J. F. Brandt* in Petersburg. Einer kurzen Mittheilung des genannten Zoologen in dem Bulletin der Petersburger Akademie (physikalisch-mathematische Klasse Tom. XVI. No. 5. 1857) ist eine ausführlichere mit vielen Abbildungen gezierte Abhandlung gefolgt unter dem Titel: Symbolae ad polypos Hyalochaetides spectantes (Petersburg 1859, Gratulationsschrift der Petersburger an die Münchener Akademie), in welcher zahlreiche aus Japan nach Russland gebrachte Exemplare beschrieben und die Theile im Wesentlichen wie von *Gray* gedeutet sind. *Brandt* glaubte zwei Gattungen unterscheiden zu müssen, nach deren einer „Hyalochaeta" er die Familie die der Hyalochaetiden nannte und der er im System der Polypen den Werth einer besonderen Unterordnung oder Tribus beilegte. Dass Spongien am unteren Ende der Polypenstöcke öfter vorkämen erwähnt *Brandt* beiläufig und verweist in Betreff dieser ihm als parasitische Anhänge geltenden Gebilde auf eine später zu edirende Arbeit.

Brandt hat zwar mikroskopische Untersuchungen einzelner Theile sowohl des polypenartigen Ueberzuges als der Kieselfadenstränge vorgenommen, allein wer die dem oben genannten Werke beigegebenen betreffenden Zeichnungen durchgeht, wird zugeben, dass diese nur als erster wenig befriedigender Anfang einer mikroskopischen Analyse der in Rede stehenden Gebilde angesehen werden können. Aus diesem Grunde und namentlich um das von *Brandt* nur obenhin berührte Verhältniss der Kieselfadenstränge zu den Spongien auszumitteln erfasste mich, als ich vor einigen Monaten in dem berühmten naturhistorischen Museum zu Leyden eine grössere Zahl offenbar sehr vollständiger Exemplare der Hyalonema sah, die Lust, einige mikroskopische Untersuchungen an denselben vorzunehmen, zu denen ich auch sofort die Erlaubniss erhielt und bei denen mich Herr Dr. *Herklots*, Conservator an dem genannten Museum, bereitwilligst und freundschaftlichst unterstützte, wofür ich ihm auch an dieser Stelle meinen herzlichsten Dank sage.

Gleich beim ersten Anblick der Exemplare waren mir Zweifel an der Richtigkeit der Deutungen *Brandt's* zunächst in Betreff des Spongienkörpers aufgestiegen, welcher, wie ich hier sah und *Gray* früher behauptet hatte, allen vollständigen Exemplaren ganz oder theilweise noch anhing, und ein integrirender Bestandtheil des merkwürdigen Gebildes zu sein schien. Es drängte sich die Vermuthung auf, dass die Kieselfäden des gedrehten dicken Stranges doch nur modificirte Spongiennadeln seien, und der erste Blick ins Mikroskop gab dieser Vermuthung sicheren Halt.

Es zeigte sich nämlich sogleich, dass die langen Kieselfäden den für Nadeln von

Kieselspongien so characteristischen feinen Axencanal besitzen[1]), gerade so wie er sich auch in den feinen und kurzen Nadeln des Spongienkörpers am unteren Ende der Stränge vorfand. Ist der Axencanal in der Mitte der langen dicken Nadeln oder Fäden schwerer zu sehen, so tritt er viel klarer an den langsam sich zuspitzenden Enden hervor, namentlich an dem unteren, in einem cylindrischen Schwammkörper verborgenen. Hier gewinnen die langen Nadeln, indem sie zu der geringen Dicke gewöhnlicher feiner Schwammspicula herabsinken, ganz und gar das Ansehen der letzteren.

War auf diese Weise mindestens sehr wahrscheinlich gemacht, dass die langen Kieselfäden Schwammnadeln seien, so kam es nun darauf an, das Verhältniss des Fadenstranges zu dem Schwammkörper näher zu untersuchen und sodann die Natur des lederartigen Polypenüberzuges festzustellen. Mit grösster Liberalität wurden mir die sämmtlichen Exemplare des Museums zur Entscheidung dieser Fragen zu Gebote gestellt, ich durfte namentlich einen besonders vollständigen Schwammkörper spalten, um das Verhalten des Kieselfadenstranges im Innern des Schwammes zu studiren. Mein Freund Dr. *de la Valette*, mit dem ich die Reise durch Holland gemeinschaftlich unternommen hatte, war mir bei Anfertigung der Zeichnungen behülflich, und so waren wir im Stande, das vorhandene Material recht vollständig auszunutzen. Endlich durfte ich noch zwei wohlerhaltene ziemlich vollständige Exemplare aus dem Doublettenvorrathe als mein Eigenthum mit nach Hause nehmen, an denen Vieles nachträglich und vollständiger als es in Leyden möglich war, geprüft wurde.

Kurz nach meinem Aufenthalte in Leyden kam ich nach Paris und übergab dort eine kurze Notiz über das Resultat meiner an erstgenanntem Orte angestellten Forschungen der Akademie der Wissenschaften zum Abdruck in den Comptes rendus (vergl. dieselben v. 23. April 1860, Tome L. p. 792). Die an diesem Orte ausgesprochene Ansicht, dass die Kieselfadenstränge und die Spongienkörper ein untrennbares Ganze bilden, dass sich erstere in letzteren entwickeln und dass demnach die Hyaloneinen nicht den Polypen, sondern den Schwämmen zuzurechnen, zunächst verwandt dem Alcyoncellum speciosum *Quoy* et *Gaimard* (Euplectella *Owen*), hat sich durch fortgesetzte Untersuchungen durchaus bestätigt. Nur in einem Punkte muss ich von dem früher Behaupteten abweichen. Ich glaubte anfänglich den polypenartigen Ueberzug des Kieselfadenstranges als zum Schwammgewebe gehörig betrachten zu müssen. Der scheinbar allmählige Uebergang des ersteren in die obere Grenze des eigentlichen Schwammkörpers, wie sich dies an mehreren Exemplaren herausstellte, die

---
[1] Mittlerweile auch von *Ehrenberg* beschrieben, Monatsberichte d. Akad. d. Wiss. z. Berlin 1860, Aprilheft, p. 177.

gegen diese Grenze hin immer mehr zunehmende Menge von Kieselnadeln in der Substanz des lederartigen Ueberzuges, welche Nadeln mit den Jugendformen derjenigen des Schwammkörpers übereinstimmen, endlich mancherlei andere Verhältnisse, welche unten näher zur Sprache kommen werden, schienen die Ansicht, dass wir es auch hier mit Schwammsubstanz zu thun hätten, sicher zu stützen. In der That ist dieselbe aber eine irrige, wie ich bei später wieder aufgenommenen Untersuchungen fand. Der Nachweis grosser Mengen von Nesselorganen in den Polypenknöpfchen war entscheidend. So tritt die Ansicht von *Brandt* von der Polypennatur des lederartigen Ueberzuges wieder in ihr volles Recht ein. Freilich sind die Polypen aber nur für Parasiten des Kieselfadenstranges zu halten, letzterer kann nicht, wie *Brandt* will, als Product ersterer angesehen werden.

Auch *Ehrenberg* hat kürzlich seine Meinung über die Natur der Hyalonemen abgegeben[1]). Dass ein in der Untersuchung der Hartgebilde niederer Organismen so erfahrener Forscher wie *Ehrenberg* sogleich die Spongiennatur der langen Kieselfäden erkennen würde, konnte keinem Zweifel unterliegen. Ob derselbe aber in der Hypothese, die Fäden seien aus irgend einer noch unbekannten Spongienart ausgelesen und künstlich zu den Strängen zusammengedreht, wie sie in den Sammlungen vorliegen, dann noch nachträglich mit einer Polypenrinde umgeben, glücklich gewesen — darüber mag das Folgende entscheiden.

Wir wenden uns zunächst zu einer

Beschreibung der meinen Untersuchungen zu Grunde liegenden Exemplare von Hyalonema.

Die im naturhistorischen Museum zu Leyden befindlichen Exemplare von Hyalonema lassen sich nach ihrer Vollständigkeit in drei Gruppen bringen: A) solche, an denen Kieselfadenstrang und Schwammkörper vollständig erhalten sind, die nachstehend unter 1—7 aufgeführten; B) solche, an denen der Schwammkörper fehlt, die also nur aus dem Kieselfadenstrange bestehen, der aber in seiner ganzen Länge erhalten ist. An diesen ist das untere zugespitzte Ende, welches ehemals in einem Schwammkörper verborgen lag, mit einem dichten Filz feinster Kieselnadeln als Rest des Schwammkörpers durchwebt, und kann aus der Länge dieser Stelle auf die des Schwammes geschlossen werden. Hierher gehören die unter 8—11 beschriebenen; endlich C) solche Exemplare, welche nur aus einem mehr oder minder langen Bruchstücke des Kieselfadenstranges bestehen. Der parasitische Polyp ist in grösserer oder geringerer Ausdehnung auf den meisten dieser Exemplare vorhanden. Nur an dreien habe ich ihn ganz vermisst.

---

[1]) Monatsberichte der Akademie d. Wiss. zu Berlin. April 1860. p. 177.

Abtheilung A.

Exemplar 1. Siehe Tafel II. fig. 1. Länge des conischen Schwammkörpers 5 Zoll, Dicke desselben unten 3″, in der Nähe des oberen Endes 2″. Länge des Kieselfadenstranges ausserhalb des Schwammkörpers 10″, Dicke desselben beim Austritt aus dem Schwamm 3‴. Dicht über dem Schwamm ist der Fadenstrang in einer Ausdehnung von 3″ mit dem parasitischen Polypen bekleidet. Nach oben von dieser Stelle liegen die langen Kieselfäden frei und enden zum grossen Theile zugespitzt, so dass eine Verletzung derselben auf längere Strecken nicht stattgefunden zu haben scheint.

Der conische Schwammkörper ist aus locker gewebten Strängen feinster Kieselnadeln gebildet, zwischen denen sich nur an wenigen Stellen etwas gelbbraune organische Substanz erhalten zeigt, die übrigens nicht zum Schwammgewebe selbst gehört, sondern wie unten gezeigt wird, vorzugsweise aus angetrockneten Resten parasitisch den Schwamm bewohnender Polypen besteht. Auf seiner ganzen Oberfläche, mit Ausnahme des unteren abgeplatteten dem Austritte des Kieselfadenstranges entgegengesetzten Endes sind zahlreiche kreisrunde bis 1 Linie im Durchmesser haltende Oeffnungen vertheilt. Diese sind von Bändeln feiner Kieselnadeln begrenzt, welche von der Umrandung des Loches aus annähernd sternförmig auseinander laufen und dann zwischen den einzelnen Oeffnungen zum Theil einen solchen Verlauf nehmen, dass sie sich nach Art eines Flechtwerkes in zwei Richtungen, der Längs- und Querrichtung, durchschneiden.

Am unteren breiten und abgeplatteten Ende ist das Gefüge des Schwammes besonders locker; von hier führen in sein Inneres sechs fast $\frac{1}{2}$″ weite unregelmässig ovale Oeffnungen, von denen aus man in untereinander anastomosirende von membranartigen, porösen, aus Kieselnadeln gewebten Wänden begrenzte Röhren kommt, die sich bis zwei Zoll weit von unten herauf in den Schwamm verfolgen lassen und in ein unregelmässiges Lakunensystem übergehen, mit dem dann wieder die Oeffnungen auf der Oberfläche, aber nur durch feine Maschen des spongiösen Gewebes, in Verbindung stehen.

Dieser vortrefflich erhaltene Schwamm wurde in seiner ganzen Länge vom Austritt des Kieselfadenstranges an bis zum unteren Ende gespalten. Dabei zeigte sich zunächst, dass der Kieselfadenstrang sich in der Axe des Schwammes nach hinten fortsetzt, nach kurzem Verlaufe, während dessen er an Dicke ein wenig zunimmt sich bedeutend verschmälert und endlich noch vor dem hinteren Ende des Schwammes fein zugespitzt ausläuft. Die Oberfläche dieses Axenstranges ist ringsum so fest mit dem Schwammgewebe verwachsen, dass eine Freilegung der den ersteren zusammensetzenden langen Nadeln nur durch gewaltsames Zerreissen und Streichen mit spitzen Instrumenten in der Richtung des

Verlaufes der Nadeln möglich war, wobei sich wiederum zeigte, dass die feinen Kieselspicula tief zwischen die dickeren des Axenstranges eingreifen. Letztere nehmen schliesslich eine solche Feinheit an, dass sie sich nur noch durch ihre Länge von den ersteren unterscheiden. Von allen Seiten aber schliesst sich das grobmaschige Schwammgewebe dem Axenstrange der Art an, dass ersteres in Form platter, membranartig verbreiterter Stränge in ziemlich genau senkrechter Richtung auf die Längsaxe des Stranges sich diesem anlegt, und zwar in einer ringsum regelmässigen Vertheilung, so dass die Anordnung dieselbe erscheint, man mag den Schwamm spalten wo man will.

Exemplar 2. Siehe Taf. I. Länge des Schwammkörpers 5″, Dicke desselben am unteren Ende 3″, nach oben nur wenig verschmälert, so dass die Gestalt desselben eine mehr cylindrische als conische ist. Länge des aus der Mitte des oberen Endes hervorkommenden Kieselfadenstranges 1′ 2″, Dicke desselben beim Austritt 4‴. Von parasitischer Polypenumhüllung zeigt sich nur ein ganz unbedeutender, kaum 2‴ im Quadrat einnehmender, von Schwammnadeln ganz durchwachsener Rest dicht über der oberen Schwammgrenze (ist auf der Abbildung weggelassen).

In der feineren Structur stimmt der Schwamm mit dem vorigen sehr genau überein. Auch hier bestehen die gelblichen angetrockneten Reste organischer Substanz aus mikroskopisch nachweisbaren mit Nesselorganen durchwirkten Polypenresten, nicht aus Schwammsubstanz. Letztere, wo dieselbe vorkommt, stellt im getrockneten Zustande einen farblos durchsichtigen Ueberzug der feinen Nadelbüschel dar. An dem unteren abgeplatteten Ende des Schwammes sind wieder die grossen ins Innere führenden Löcher, welche früher möglicher Weise durch ein Netzwerk von Schwammnadeln zum Theil verschlossen waren, wie wir dies an einem jüngeren Exemplare sehen werden. Beim Auseinanderbiegen der Wände dieser Löcher bekommt man genau in der Mitte das letzte Ende des Axenstranges als feine Zuspitzung zu sehen, und kann eine Strecke aufwärts die Anlagerung der Schwammsubstanz in Form membranöser Blätter, wie bei dem vorigen Exemplare beschrieben wurde, erkennen.

Exemplar 3. Länge des Schwammes 5″, Dicke desselben etwa 3″, Länge des Kieselfadenstranges 1′ 2″, Dicke desselben ohne die Polypen-Umhüllung, welche sich vom Schwamm etwa 3″ aufwärts erstreckt, 4‴. Der Schwamm ist vor langer Zeit der Länge nach aufgeschlitzt worden und dabei oder sonst arg verletzt. Es scheint die Absicht gewesen zu sein, den Kieselfadenstrang vom anhängenden Schwammgewebe möglichst zu reinigen, denn er ist ausgefasert und ausser Verbindung mit den Balken des Schwammes. Der Schwamm selbst ist etwas zerzaust, doch kann man die auf der Oberfläche ausmündenden runden Löcher noch sehen.

Exemplar 4. Länge des conischen Schwammes 4''', Dicke am unteren Ende 2¼''', am oberen Ende verjüngt sich derselbe, und geht, wie es scheint, allmählig in den Polypenüberzug des Kieselfadenstranges über. Letzterer ist 4''' dick und 8'' lang, aber nur auf 1'' Länge von Polypen umhüllt.

Das Gewebe des Schwammes ist, wie bei allen folgenden kleineren Exemplaren, dichter als bei den drei zuerst beschriebenen, grössten. Die runden Oeffnungen auf der Oberfläche sind wenig zahlreich aber scharf umschrieben. Das untere verbreiterte und abgestutzte Ende des Schwammes ist mit einer netzförmig durchbrochenen Platte, die aus Kieselnadeln besteht, verschlossen. Die Oeffnungen in derselben sind nicht den runden Oeffnungen der Oberfläche zu vergleichen, sondern meist viel grösser, dabei ganz unregelmässig gestaltet. Jedenfalls haben wir es hier mit einem auch am unteren Ende sehr vollständig erhaltenen Exemplare zu thun, und bedauere ich eine Abbildung an Ort und Stelle nicht gefertigt zu haben. Die netzartige Platte lässt sich sehr wohl derjenigen vergleichen, welche das untere Ende der den Hyalonemen zweifelsohne sehr nahe stehenden **Euplectella cucumer** nach *Owen's*[1]) Beschreibung und Abbildung verschliesst, und ebenso an den in Leyden befindlichen schönen Exemplaren von **Euplectella** (Alcyoncellum *Quoy* u. *Gaimard*) zu sehen ist.

Exemplar 5. Siehe Taf. II, fig. 2. Schwamm eiförmig, von sehr dichtem Gefüge, 2½'' lang, in der Mitte 1'' 9''' dick. Auf der Oberfläche sind scharf begränzte runde Oeffnungen vereinzelt zu sehen. Was bei der Beschreibung des ersten Exemplares erwähnt wurde zeigt sich auch hier recht deutlich, dass nämlich die oberflächlichen Lagen des Schwammes zum Theil aus unter rechten Winkeln sich kreuzenden Strängen geflochten sind. Das untere Ende des Schwammes ist nur erst mit einer Andeutung der hier später auftretenden Auflockerung versehen. Länge des Kieselfadenstranges 6'', Dicke 3—4'''. Die Polypenumhüllung ist auf etwa 2'' Länge erhalten, und schliesst sich dicht an das obere Ende des Schwammes an.

Exemplar 6. Kleiner, unregelmässig conischer Schwamm von 2'' 4''' Länge und sehr dichtem Gefüge, ohne die scharf umschriebenen runden Löcher der Oberfläche, wie die grösseren Exemplare sie besitzen. Vielleicht ist der Schwamm auf der Oberfläche etwas abgerieben, jedenfalls aber am unteren Ende verletzt. Hier ragt der Kieselfadenstrang mit sehr feinen Nadeln frei hervor. Länge des letzteren 1' 4''', Dicke 1½—2'''.

Exemplar 7 (in meinem Besitze). Schwamm 2'' 2''' lang, 10''' breit, langgestreckt

---

[1] Transactions of the Linnean society 1859. vol. XXII, p. 117.

eiförmig, von dichtem Gefüge. Die natürliche Oberfläche ist nur zum Theil erhalten und hier zeigen die Kieselnadelbündel wieder recht deutlich die Neigung sich in rechtwinklig gekreuzte Stränge zu ordnen. Zwischen ihnen sind nur erst Andeutungen der späteren regelmässig runden Oeffnungen zu sehen. Der Kieselfadenstrang erhebt sich auf eine Länge von 1' aus dem oberen Ende des Schwammes, ist 2''' dick und mit einem dem oberen Schwammende sich dicht anschliessenden Polypenüberzuge versehen, welcher zunächst auf 1½" Länge dann nach 2" Unterbrechung wieder auf 1½" erhalten ist.

Der Schwamm zeigt innen einige grössere Lacunen. Der Kieselfadenstrang ist hier zum Theil frei gelegt und sieht man seine allmählige Verjüngung und sein letztes aus dem unten verletzten Schwamme hervorragendes feinnadeliges Ende.

Abtheilung B.

Exemplar 8 (ebenfalls in meinem Besitze). Ganze Länge des Kieselfadenstranges 1' 6'''. An seinem unteren zugespitzten biegsamen und zartfaserigen Ende auf die Länge von 5" mit feinen Kieselnadeln durchwebt, so dass die langen Nadeln von ihnen ganz bedeckt und eingehüllt sind. Dieselben rühren offenbar von einem dies untere Ende vormals umschliessenden Schwammkörper her, der künstlich entfernt worden. Die Gestalt und Anordnung der feinen Nadeln zwischen den langen des Axenstranges gleicht durchaus dem an vollständigen Exemplaren Gesehenen, so dass kein Zweifel gehegt werden kann, es sei hier wie bei den grössten unter No. 1 und 2 beschriebenen Exemplaren ein mindestens 5" langer Schwammkörper vorhanden gewesen. Die Dicke des Kieselfadenstranges beträgt 3—4'''. Von parasitischen Polypen ist keine Spur vorhanden, es müsste denn ein dünnes hellbraun durchscheinendes Häutchen, von welchem Reste in einer Ausdehnung von mehreren Zollen nach aufwärts von der oberen Schwammgrenze auf dem Kieselfadenstrange zu finden, auf eine früher dagewesene Polypenhülle deuten. Wir werden auf dieses Häutchen unten zurückkommen.

Exemplar 9, gleicht dem vorigen. Ganze Länge des Kieselfadenstranges 1' 7''', Dicke 4'''. Am unteren Ende sind die langen Nadeln zwar schon ziemlich stark ausgefasert, doch nur an der Oberfläche, in der Tiefe ist wieder genau auf die Länge von 5" das feinnadelige Schwammgewebe in den Kieselfadenstrang eingewachsen, und deutet ganz scharf die Länge des hier ursprünglich vorhandenen Schwammkörpers an.

Exemplar 10. Es ist dieses wieder dem vorigen sehr ähnlich, aber das längste von allen, erreicht nämlich fast 2'. Das untere Ende ist auch auf 5" Länge mit Schwammgewebe durchwachsen.

Exemplar 11. Vollständiger Kieselfadenstrang, nicht ganz 13″ lang, auf 2½″ Länge in Schwammgewebe eingehüllt, darüber auf 1½ Zoll Länge mit Polypen bedeckt; Dicke desselben 2—2½‴.

Von Exemplaren der Abtheilung C endlich, d. h. unvollständig erhaltene Kieselfadenstränge ohne Reste des Schwammkörpers, könnte ich ein halb Dutzend und darüber aufzählen, doch bieten die meisten derselben nichts besonders Interessantes dar. Nur zwei Exemplare will ich erwähnen der eigenthümlichen Ausbreitung des Polypenüberzuges wegen. Es sind Kieselfadenstränge wie die von Brandt l. c. Tab. I. fig. 1 und Tab. II, fig. 6 A. abgebildeten, an einem Ende und zwar dem oberen frei, am unteren dagegen, wo vom Schwammkörper keine Spuren vorhanden und die Nadeln auch nicht in ursprünglicher Länge erhalten sind, in einen Polypenüberzug so vollständig eingeschlossen, dass auch das letzte Ende der Nadeln von diesem vollständig bedeckt ist, der sich also kappenförmig über den Nadelenden schliesst. Wie durch Untersuchung nach dem Ablösen des Polypenüberzuges leicht konstatirt werden konnte, sind die Nadeln innerhalb desselben alle abgebrochen. Die Exemplare waren also, zu der Zeit bereits verletzt, als die parasitischen Polypen dieselben umzogen. Länge des einen Exemplares 9″, Dicke 2‴, Länge des anderen 13″, Dicke 4‴.

Die langen Fäden des Kieselfadenstranges.

Die merkwürdigsten und die Aufmerksamkeit des Beobachters zunächst fesselnden Theile unserer Hyalonemen sind offenbar die langen Kieselfäden, welche zu einem glasglänzenden locker gewundenen Strange zusammengewickelt sind.

Die bei weitem meisten derselben reichten von einem Ende des Stranges bis zum anderen, und habe ich aus dem Exemplar 10 solche vor mir von fast 2 Fuss Länge. Ein kleinerer Theil der Nadeln hört früher auf, ehe das letzte untere oder obere Ende des Fadenstranges erreicht ist.

Um die Länge und Dicke der Fäden genau prüfen zu können, zerlegte ich einen der vollständig erhaltenen Stränge (es wurde das Exemplar 8 von 1′ 6″ Länge benutzt), indem ein Faden nach dem anderen von der Oberfläche nach der Tiefe zu aus der Verbindung gelöst wurde. Dabei stellte sich denn heraus, dass in der Axe des Stranges sehr viel feinere und kürzere Nadeln liegen als an der Oberfläche. Im Ganzen wurden 250—300 Kieselfäden gezählt, von diesen waren die innersten 60—80 sehr fein und nur etwa ⅓ oder ½ so lang als die übrigen. Die dicksten maassen in der Mitte 0.

Par. L. also etwa ½ eines Millimeters, die dünnsten in der Mitte nur 0,050 P. L. also wenig mehr als den 10ten Theil der dicken. Zwischen diesen fanden sich zahlreiche Uebergänge. Die dünnsten sind schwer in ganzer Länge zu isoliren, namentlich im unteren Theile des Fadenstranges, wo derselbe von dem aus feinen Nadeln gebildeten eigentlichen Schwammgewebe durchzogen ist, haften sie demselben so fest an, durch angetrocknete organische Substanz untereinander verbunden, dass ein grosser Theil der feinen, nur ¹/₁₀ Linie dicken Faden zerreissen muss. Somit ist es schwer zu bestimmen, welche Länge die kürzesten unter den feinen Nadeln besitzen. Im Allgemeinen dürften im Fadenstrange unseres sehr grossen Exemplares Nadeln unter 6—8 Zoll nur sehr einzeln vorhanden gewesen sein. Dass ihre Länge aber bis auf die weniger Linien herabsinken kann, beweisen einige Nadeln, welche ich aus dem unteren Ende des Fadenstranges des in Rede stehenden Exemplares isolirte. Es sind 4 Nadeln von 0,05—0,10 P. L. Dicke und nur 4—6''' Länge, spindelförmig und beiderseits zugespitzt. Wie in ihrer Dicke so stimmen dieselben auch in ihrer feineren Struktur durchaus mit den langen Nadeln des Fadenstranges überein.

Die Kieselfäden der Mitte oder Axe des Stranges liegen gestreckt und durchaus parallel nebeneinander, die der Oberfläche dagegen, also die dicksten, sind in langgezogener Spirale umeinander gewickelt, und behalten natürlich bei ihrer dem Kieselerdegehalte entsprechenden grossen Härte und Starrheit die Windungen auch in isolirtem Zustande genau bei. Durch keinerlei Mittel ist man im Stande an den ursprünglich vorhandenen Biegungen und Drehungen des Fadens künstlich das geringste zu ändern. Nicht als wenn die Fäden so brüchig wären, dass sie bei der ersten Streckung zerbrächen — es scheint vielmehr als wenn ihre innerste Struktur, wie sie sie während des Wachsthums erhielten, sie zwänge, nach jedem Biegungsversuche wieder in die ursprüngliche Lage zurückzuspringen. Es sind 2—3 Spiraltouren, welche die längsten Fäden die ich beobachtete, beschreiben. Davon kommt ein grösserer Theil auf das obere als das untere Ende, welches letztere, namentlich so weit es in dem 5 Zoll langen Schwammkörper verborgen liegt, nur wenig an den Spiralwindungen Theil nimmt.

Ihre grösste Dicke besitzen die Fäden nicht in der Mitte sondern einige Zoll oberhalb derselben. Nach beiden Enden spitzen sie sich allmählig zu, nach dem unteren in einen haarfeinen Anfang auslaufend, welcher innerhalb des Schwammkörpers schliesslich auf einen für das unbewaffnete Auge fast verschwindenden Durchmesser herabsinkt. Das letzte Ende habe ich bis zu 0,006''' Dicke herab verfolgen können, also bis zu einer für das blosse Auge fast verschwindenden Dicke, war aber doch stets abgebrochen, so dass ich das letzte, schliesslich noch wahrscheinlich zugespitzte Ende nicht beobachten konnte.

Die Verschmälerung nach dem oberen Ende ist eine schnellere als nach dem unteren, ein längerer haarfeiner Anhang scheint hier aber nicht vorzukommen. Doch dürfte auch an diesem ein Auslaufen in eine feine Spitze die Regel sein. Bei der geringen Sorgfalt, die offenbar an allen von mir beobachteten Exemplaren auf die Erhaltung der frei hervorstehenden oberen Enden des Fadenstranges verwandt worden, ist nicht zu verwundern, dass sie sämmtlich abgebrochen gefunden wurden.

Sind die Fäden durch Waschen mit Wasser oder verdünnter Kalilauge von anhängenden organischen Resten befreit, so zeigen sie starken Glas- oder Atlasglanz. In der Mitte und nach dem unteren Ende ist ihre Oberfläche vollständig glatt, hie und da zeigen sich quere Risse in derselben. An dem freien oberen Theile verändern sich jedoch die Fäden stets der Art, dass auf die Länge von 1—3 Zoll quere Vorsprünge dicht nebeneinander auf der Oberfläche auftreten, die sich eben noch mit blossem Auge, besser mit der Loupe wahrnehmen lassen. Wie schon *Gray* und *Brandt* angeben, sind es unvollständig ringförmige Widerhaken, alle so nach abwärts gerichtet, dass der in umgekehrter Richtung also von unten nach oben streichende Finger die Rauhigkeiten fühlen muss.

Die mikroskopische Untersuchung der Fäden nimmt man am besten in Terpenthin oder Canadabalsam vor. Bei derselben fällt zunächst eine auch schon von *Gray* und *Brandt* wie von *Ehrenberg* gesehene sehr deutliche Schichtung der Fäden auf, welche vom oberen bis zum unteren Ende reicht. Die Zahl der Schichten ist in der Mitte am grössten und nimmt nach den Enden zu ab. Wie die figg. 3, 4, 5 und 6 auf Taf. II. darstellen, erscheint der Kieselfaden mit zahlreichen parallelen Längsstreifen gezeichnet, welche, wie verschiedene Einstellung lehrt, nicht auf Reliefverhältnissen der Oberfläche beruhen, sondern in der Tiefe ihren Grund haben. Sie treten alle zugleich am deutlichsten hervor wenn die Axe des Fadens eingestellt ist. Schon hieraus und besser noch an splitterig gebrochenen Enden ist zu ersehen, dass die Linien ein Ausdruck von Schichten sind. Genau in der Axe des Fadens zeigt sich eine feine Doppellinie, neben derselben nach aussen sind zunächst nur geringe Andeutungen von Schichtungslinien, dann folgen dieselben bald deutlicher und bleiben bis zur Peripherie in ziemlich gleichen Abständen voneinander. An dicken Fäden habe ich deren bis 80 zählen können, am bequemsten an Querschliffen, die ich anfertigte, und deren einen von einem mässig dicken Faden gewonnen fig. 7, Taf. II. darstellt. Hier zeigt sich sehr deutlich, dass die Schichten von einer gewissen, dem Centrum ziemlich nahen Kreislinie an nach aussen alle eine fast gleiche Dicke besitzen. Aber sehr gewöhnlich kommen in den äusseren Schichten Unregelmässigkeiten der Art vor, dass in einer und derselben die Dicke nicht überall dieselbe ist. Der Faden verdickt sich einseitig stärker, in unserer Abbildung nach rechts. Die Schichtgrenzen sind zwar noch vollkommene Kreislinien, aber das Centrum derselben ist verrückt, und wandert für jede neue Schicht in gleicher Richtung ein wenig seitwärts. Wahrscheinlich hängt diese Ungleichheit der Schichtung mit der spiralen Drehung der Fäden zusammen.

Die feine Doppellinie in der Axe des Fadens ist der Ausdruck des für Kieselnadeln von Spongien charakteristischen Centralkanales[1]). Im Querschnitt fig. 7 erscheint er als kleiner centraler Kreis. Dieser Kanal besitzt nicht überall die gleiche Weite. Es kommen vielfache Unregelmässigkeiten an demselben vor, langgezogene spindelförmige Varikositäten, auch unregelmässige, mehr einseitige Ausbuchtungen, oder endlich ganz kurze unter spitzem Winkel abgehende Seitenausläufer. Im Allgemeinen behält er seinen geringen Durchmesser in ziemlich gleicher Weise von einem Ende der Nadel bis zum anderen bei, und ist denn also an den feinausgezogenen letzten Enden, namentlich dem unteren, im Verhältniss zur Dicke der Nadel viel weiter als in der Mitte, auch viel leichter zu sehen als dort.

Sehr bemerkenswerth ist die in der Mitte der fig. 6 dargestellte Eigenthümlichkeit des Axenkanales. Die Figur ist einer der oben erwähnten 4 kurzen aber sehr dicken Nadeln entnommen, die ihrer Lage und ihrem Baue nach entschieden zu den langen Nadeln des Kieselfadenstranges gerechnet werden, aber ihrer geringen Länge wegen als abortive Bildungen gelten müssen. Die dickste derselben zeigt deutlich 20 grobe Schichtungslinien, die feinen in der unmittelbaren Umgebung des Axenkanales, die sich nicht zählen lassen, ungerechnet. Der Axenkanal selbst hat die Weite, wie wir ihn bei den langen Nadeln zu finden gewohnt sind, und ist durch auffallend mannigfache Unregelmässigkeiten ausgezeichnet; an einigen Stellen kommt an demselben eine fast pinselförmige Ausstrahlung in kleine sehr kurze Seitenästchen vor. Der Mitte der Nadel entsprechend ist der Kanal dagegen durchaus glattwandig, dabei sehr fein, so dass er bei 300facher Vergrösserung kaum als Doppellinie gesehen werden kann. Hier nun, fast genau in der Mitte

---

[1]) Vergl. *Ehrenberg* Monatsber. d. Berliner Akademie d. Wiss. Sitz. vom 19. April 1860 u. meine Mittheilung in den Comptes rendus, séance 23. Avril 1860 p. 793. Es fehlt ein solcher Axenkanal den Nadeln der Kalkschwämme ebenso wie den mit Spongiennadeln in der äusseren Form vergleichbaren Spikula der Gorgonien. Ich untersuchte vom rothen Syconculciatum ciliatum aus Triest, von letzteren mehrere Species. Auch die obenerwähnten Körperchen der Antipathes gleichen in dieser wie in anderer Beziehung den entsprechenden der Gorgonien. Aber unter den Stacheln der Acanthometren, welche sonst mit Spongiennadeln verwechselt werden könnten, sollen sich nach *Claparède* und *J. Müller* einige finden, die von einem feinen Kanal in der Längsaxe durchbohrt sind (Monatsber. d. Akad. zu Berlin, 1855, p. 674. Études sur les Infusoires et Rhizopodes par *Claparède* et *J. Lachmann* 2 livr. p. 450. *J. Müller*, Ueber die Thalassicollen, Polycystinen u. s. w. Berlin 1858, p. 10.). Nach mündlichen Mittheilungen von *A. Krohn* und *E. Haeckel*, von denen namentlich letzterer eine ansehnliche Menge von Species in Messina untersuchte, bestätigt sich diese Angabe für die Acanthometren nicht.

zwischen beiden Enden, wird der Axenkanal durch einen kurzen ebenfalls sehr feinen Querkanal rechtwinklig gekreuzt. Die innersten Schichtungslinien reichen, wie von dem Querkanal nach aussen gebogen, ein wenig seitlich ab, so dass zu schliessen, die Nadel habe, als sie noch sehr dünn war, an der Stelle des Querkanales eine äussere Anschwellung besessen. In den später aufgelagerten Schichten verliert sich die Andeutung dieser Anschwellung allmählig.

Genau dasselbe fand sich bei den 3 anderen bereits erwähnten kurzen dicken Nadeln des Fadenstranges und bei einer 5ten, welche ich aus dem auf Tab. I. dargestellten Exemplare erhielt, als ich ein Stück der äussersten Spitze des Axenstranges, welches ohne Verletzung des Schwammes entfernt werden konnte, in seine Elemente zerlegte. Wir werden dieser eigenthümlichen Bildung in der Mitte des Axenkanales bei den Nadeln des dem Kieselfadenstrange ansitzenden Schwammkörpers wieder begegnen. Dieselbe variirt bei letztern insofern, als statt des einfachen Querkanales auch zwei unter rechtem Winkel sich kreuzende vorkommen können, ist aber unter dieser oder jener Gestalt durchaus charakteristisch für alle Formen (vgl. die auf Taf. III. und IV. abgebildeten Nadeln).

Wenn, wie zu bezweifeln kein Grund vorliegt, die kurzen dicken Nadeln in dem Kieselfadenstrange selbst entstanden und demnach entweder als Jugendformen oder wahrscheinlicher als Bildungshemmungen der langen zu betrachten sind, so liegt es nahe, auch in der Mitte der langen Nadeln nach einem solchen feinen Querkanal des Axenkanales zu suchen, wie die kurzen ihn zeigen. Zur Aufsuchung eines solchen werden wir durch mehrfache weitere Gründe angeregt, einmal dadurch dass wie schon erwähnt sämmtliche Nadeln des Schwammkörpers durch die Anwesenheit eines oder zweier solcher ausgezeichnet sind, und die freilich schon auf andere Weise, wie ich glaube, sicher gestützte Zusammengehörigkeit vom Schwammkörper und Fadenstrang, gegen welche die Anhänger der von *Gray* und *Brandt* sowohl als der von *Ehrenberg* ausgesprochenen Ansichten eingenommen sind, durch die Auffindung des Querkanales noch fester begründet würde; andrerseits würde dieselbe in Betreff der Entstehungsgeschichte der langen Nadeln bestimmte Anhaltspunkte geben, indem wir nach Analogie der kurzen Nadeln mit Querkanal die letzteren enthaltende Stelle auch der langen als Centrum der Bildung zu betrachten haben würden.

Die Schwierigkeiten der Aufsuchung waren nicht gering, da, wie an den kurzen dicken Nadeln konstatirt worden, eine mindestens 300malige Vergrösserung dazu gehörte, um die betreffende Stelle zu finden. Die Nadeln mussten in Canadabalsam eingeschlossen und durch den Druck eines Deckgläschen in möglichst genau horizontale Lage gebracht werden. Die zu untersuchenden Stücke (denn eine ganze unverletzte Nadel liess sich nicht passend verwenden) durften nicht zu klein sein, da sonst die Möglichkeit, dass die gesuchte Stelle gerade in einen der angelegten Schnitte fiel, sich zu sehr steigerte. Endlich blieb noch zu bedenken, dass es nur eine bestimmte Art der Lagerung des Kieselfadens gab, bei welcher der gesuchte Querkanal in voller Deutlichkeit sichtbar sein konnte, dass seine Erkennung um so schwieriger würde, je mehr er sich in seiner Lage der Richtung der Sehaxe näherte, ja dass er in derselben angekommen vollkommen unsichtbar sein musste.

Ich suchte an einer mitteldicken und möglichst wenig spiralgedrehten Nadel die dickste Stelle auf. Diese fällt, wie schon angeführt wurde in die Nähe des oberen Endes, meist ziemlich dicht unter den Anfang der Widerhaken ähnlichen Vorsprünge. Sie wurde auf die Länge von 3—4 Zoll herausgeschnitten, der übrige Theil der Nadel in ähnlich lange Stücke zerlegt und alles nebeneinander unter ein 4 Zoll langes dünnes Deckblatt in Canadabalsam gebracht. Diese Präparation wurde mit mehreren Nadeln wiederholt, und die einzelnen Stücke wurden sodann bei langsamem Vorschieben des Objektträgers auf das Genaueste durchmustert. Die Mühe lohnte sich. In einigen Nadelstücken fand sich je eine Stelle, welche der in fig. 6. Taf. II. abgebildeten so vollständig oder fast vollständig glich, dass sie als die gesuchte betrachtet werden musste. Und zwar befand sich diese Stelle jedes Mal in dem **dicksten Theile der Nadel**, also da, wo wir sie nach Analogie der kurzen von vornherein vermutheten. Unter 6 auf die angegebene Weise präparirten Nadeln habe ich 3 Mal einen rechtwinklig aufgesetzten feinen Querkanal mit Sicherheit nachweisen können. In den andren Fällen blieb die Anwesenheit eines solchen zweifelhaft. Aber **Andeutungen zu einem solchen waren auch hier vorhanden.** Was die ausgebildetsten derartigen Stellen betrifft so unterschieden sich dieselben von der in fig. 6. dargestellten nur dadurch, dass der Längskanal nicht die enorme Feinheit wie dort und der Querkanal bei grösserer Länge auch eine etwas bedeutendere Stärke besass. Die innersten Schichten wichen dem Querkanal aus, doch nicht so übereinstimmend regelmässig auf beiden Seiten, wie das bei den kürzeren Nadeln der Fall ist. Bei dem im Vergleich zu den kurzen Nadeln gewiss sehr schnellen und vielleicht in mannigfacher Beziehung unregelmässigen Wachsthum der langen Fäden würde sich ein Abweichen von der streng gleichmässigen Form erklären lassen. Es muss späteren die Entwickelung unserer Hyalonemen betreffenden Forschungen überlassen bleiben, über die ursprüngliche Form der langen Nadeln Aufschluss zu geben. Dann wird sich, wie ich voraussetze, auch über die in der Jugend gewiss viel leichter nachweisbare Kreuzstelle des Axenkanales Bestimmteres ermitteln lassen. Ich gestehe, dass die Anstrengung der Augen, welche das genaue Durchmustern der langen Fäden bei starker Vergrösserung mit sich bringt, eine so grosse ist, dass ich nach den beschriebenen Versuchen keine neuen zu unternehmen Lust hatte, sonst hätten vielleicht noch manche Modifikationen der in Rede stehenden Stelle nachgewiesen werden können. So kann ich nur noch auf eine aufmerksam machen. In einem Falle nämlich kamen statt **eines** Querkanales **zwei** genau rechtwinklich aufeinander und rechtwinklig zum Längskanal stehende zur Beobachtung. Danach scheint angenommen werden zu müssen, dass von den beiden Grundformen, die wir in Betreff des Querkanales bei den kurzen Nadeln zu unterscheiden haben werden, eine jede ihr Contingent auch zur Entwickelung langer Nadeln stelle.

Wir haben nun noch die Eigenthümlichkeiten des oberen Endes der langen Nadeln zu besprechen. In fig. 5 Taf. II. sind die Widerhaken ähnlichen Vorsprünge abgebildet, welche hier constant vorkommen. Wie in dieser Figur von einer dünneren Nadel dargestellt ist, so zeigen sie sich auch bei den dicksten, nach unten zu scharf abgesetzt und meist halbringförmig. In der Regel stehen sie alternirend, doch kommen mancherlei Verschiedenheiten vor, namentlich sah ich öfter einen spiraligen Zusammenhang der einzelnen Vorsprünge. Die Schichtungslinien dieser Fäden schliessen sich bis auf eine gewisse Tiefe den äusseren Unebenheiten an, verlaufen also wellenförmig, ein Beweis dafür, dass die Vorsprünge nicht allein auf einem theilweisen Abspringen der oberflächlichen Schichten beruhen. An Fäden, welche noch von dem bräunlichen organischen Ueberzuge umhüllt waren, welcher wahrscheinlich angetrocknete Schwammsubstanz ist, zeigte sich der scharf nach abwärts gerichtete Rand der Vorsprünge mit feinen Zacken besetzt wie auf Taf. II. fig. 4 zu sehen. Wahrscheinlich ist dies der Normalzustand für alle mit solchen Vorsprüngen besetzte Fäden, und sind die feinen Zacken wohl nur durch die Maceration und Reinigung der in den Sammlungen befindlichen Exemplare verloren gegangen. Die Vorsprünge scheinen sich bis zum äussersten oberen Ende zu erstrecken. Wie schon angeführt wurde, findet sich dasselbe immer abgebrochen, und ist eine sichere Angabe über die ursprüngliche Beschaffenheit desselben nicht möglich. Es ist nicht unwahrscheinlich, dass dasselbe in eine ähnlich feine haarförmige Spitze auslief, wie das untere im Schwammkörper verborgene Ende. Dann würde die dickste Stelle der Fäden mit dem Querkanal, welche jetzt dem oberen Ende näher liegt, möglicher Weise an ganz unverletzten Fäden ziemlich genau in die Mitte zu liegen kommen.

Die Glasfäden enthalten neben Kieselerde, welche ihr Hauptbestandtheil ist, etwas organische Substanz. Sie bräunen sich, wenn sie über der Flamme erhitzt werden. Sehr deutlich wird, wie schon *Gray* angiebt, bei der Erhitzung der lamellöse Bau. Unter knisterndem Geräusch und einzelnen lauten Explosionen springen die feinen Schichten von der Oberfläche des Fadens ab, und sammelt sich Luft zwischen den auseinanderweichenden

Schichten an. Offenbar ist eine geringe Menge organischer Substanz zwischen den Kieselerdeschichten abgelagert, durch deren Zersetzung die Zerklüftung des Fadens erfolgt. Bei vorsichtigem langsamen Erhitzen dünnerer Nadeln erhält man sehr feine schwarzbraune Schichten von Kohle zwischen den farblosen Kieselerdeschichten. Dasselbe tritt beim Erhitzen gewöhnlicher Schwammnadeln ein, dieselben werden nicht durch und durch schwarz von abgelagerter Kohle, sondern nur in dünnen, von farblos durchsichtiger Kieselerde begrenzten Schichten. Damit ist übrigens nicht gesagt, dass den Kieselerdeschichten nun wirklich jede Spur organischer Substanz fehle, und diese ganz allein zwischen denselben vorkomme. Vollkommen homogen und glasartig durchsichtig sind die einer starken Weissglühhitze ausgesetzten Kieselhäutchen, welche von grösseren Nadeln abgeblättert wurden, durchaus nicht. Sie besitzen vielmehr ein unregelmässig getüpfelt körniges, manchmal wie blasiges Ansehn. Wenn nun die Ursache hiervon auch in dem Wassergehalte der Kieselerde beruhen kann, der, wie er bei aller amorphen Kieselerde vorhanden, auch hier nicht fehlen wird, so wäre doch daneben auch ein Gehalt an organischer Substanz möglicherweise mit im Spiele. Jedenfalls dürfen wir als ausgemacht betrachten, dass die Hauptmasse der organischen Substanz der Kieselnadeln zwischen den Schichten der Kieselerde liege, und dass die alternirende Ablagerung von organischer und anorganischer Substanz die Ursache der Schichtstreifen sei, welche namentlich an den dickeren Nadeln so deutlich hervortreten. Einen weiteren Beweis für die Richtigkeit dieser Annahme liefert das Ansehn der Kieselnadeln im polarisirten Lichte. Schon früher hat *Ehrenberg* darauf aufmerksam gemacht [1]), dass die Kieselerde der Hyalonema-Nadeln so wenig als die anderer Spongien das Licht doppelt breche. Das ist durchaus richtig. Dennoch kommen Erscheinungen von Doppelbrechung an unseren Kieselnadeln vor, und zwar sind es die verschwindend dünnen Lagen organischer Substanz, deren Ausdruck die Schichtungslinien sind, die das Licht deutlich doppelt brechen. Mit dem gewöhnlichen Polarisationsapparate der Mikroskope ist allerdings die Erscheinung schwer sichtbar zu machen, aber nach Einschiebung der von *Hugo von Mohl* empfohlenen Beleuchtungslinse [2]), die als eine höchst willkommene Verbesserung dieses für den Mikroskopiker so wichtigen und noch wenig verbreiteten Apparates zu betrachten ist, gelingt dies leicht. Namentlich am Querschliff der Nadeln ist die Doppelbrechung der aus organischer Substanz bestehenden Zwischenlagen deutlich wahrzunehmen [3]), und zwar verhält sich jede Schicht bei dieser Ansicht optisch negativ. Jede

---
1) Monatsberichte der Berliner Akademie d. Wiss. 1848, p. 243. 1849, p. 75.
2) Poggendorff's Annalen der Physik u. Chemie. 1859. Bd. 108, p. 178.
3) Um alle Reflexionserscheinungen auszuschliessen, hat man die Nadeln in Terpenthin oder besser noch in

der Schichten gleicht dem Querschliffe eines Hohlcylinders oder einer Hohlkugel, welche betrachtet werden, während ein gleichmässiger Druck von aussen auf die Wand derselben ausgeübt wird. Einem Cellulosefaden ähnlich, dessen Querschnitt auch ein negatives Kreuz giebt, dessen Längsschnitt (natürlicher oder künstlicher) sich dagegen positiv verhält in Beziehung auf eine Axe doppelter Brechung in der Längsrichtung, welche er neben anderen in der That besitzt, verhält sich auch die organische Zwischensubstanz der Hyalonemafäden auf dem Längsschnitte positiv. Doch ist hier die Erscheinung der Doppelbrechung durchaus nicht so deutlich wie auf dem Querschliffe.

Der Schwammkörper am unteren Ende des Kieselfadenstranges.

Schon *Gray* erwähnt, dass die Hyalonemen nie ohne einen schwammartigen Anhang vorkämen, welcher dem unteren Ende des Kieselfadenstranges ansitze, und diesen, den er für einen Polypenstock hält, als Basis diene. „The coral seems to be affixed only by the intervention of the sponge", doch meint *Gray*, der Schwamm komme auch ohne die Koralle vor, und sei demnach unabhängig von letzterer. Eine genaue Beschreibung des Schwammes und seines Verhältnisses zu dem Kieselfadenstrange giebt *Gray* so wenig als *Brandt*. Letzterer erwähnt überhaupt die Schwämme nur beiläufig, hält sie für etwas durchaus Unwesentliches und Inconstantes, für parasitische Gebilde an dem Polypenstock mit Kieselaxe, und verweist in Betreff ihrer auf eine spätere monographische Arbeit.

Nach dem reichen Materiale des Museums in Leyden zu urtheilen hat *Gray* vollkommen Recht, dass vollständige Exemplare der Hyalonemea an ihrem unteren Ende stets einen Spongienkörper tragen. Wie aus den oben angegebenen Beschreibungen von 11 Exemplaren hervorgeht, ist auch, wenn ein eigentlicher Schwammkörper nicht mehr vorhanden, aus der Beschaffenheit des unteren Endes des Kieselfadenstranges, in welches seine Kieselnadeln in grosser Menge eingewebt sind, auf die frühere Anwesenheit eines solchen Schwammes mit Sicherheit zu schliessen. Nun meint zwar *Gray*, der Schwamm käme auch ohne den Kieselfadenstrang vor. Worauf sich diese Behauptung gründet wird aber nicht näher angegeben, und kann derselben zunächst so lange ein Gewicht nicht beigelegt werden, als nicht doch mikroskopische Untersuchung der Kieselnadeln die Identität der Species, um die es sich handelt, nachgewiesen ist. Andrerseits stützt *Brandt* seine Ansicht von der

---

Glycerin zu legen, welches das Licht fast ebenso wie Kieselerde bricht, und hat ferner auffallendes Licht von dem Objekttisch sorgfältig abzuhalten — was für alle Versuche mit dem Polarisationsapparat wichtig zu beachten ist.

Parasitennatur des Schwammes darauf, dass er das Hyalonema ohne den Schwamm beobachtet zu haben glaubt. Den Nachweis, dass das Hyalonema oder besser die Exemplare des Kieselfadenstranges ohne Andeutungen von Schwammkörper, welche *Brandt* im Sinne hat, vollständig gewesen seien, dass die Kieselfäden unverletzte untere Enden gehabt, bleibt der genannte Forscher schuldig, und lässt sich vielmehr aus den Abbildungen mit grosser Wahrscheinlichkeit entnehmen, dass die fraglichen Exemplare nicht vollständig gewesen.

Hätten wir somit schon jetzt, gestützt auf die oben gegebenen Beschreibungen der Exemplare des Leydener Museums, keinen Grund daran zu zweifeln, dass Kieselfadenstrang und Schwammkörper zusammengehören, so werden die Verhältnisse der feineren Struktur der Schwammsubstanz weitere Beweise für die innige Verwandtschaft beider Bildungen liefern.

In dem Zustande, in welchem die in Rede stehenden Schwämme sich befinden, bestehen dieselben vorzugsweise aus Kieselnadeln, von organischer Substanz ist nur wenig zwischen jenen angetrocknet erhalten. Die Nadeln der 11 von mir mikroskopisch untersuchten Exemplare stimmen der Art unter einander überein, dass nach Allem, was bisher namentlich durch neuere Untersuchungen über die Bedeutung der Nadelformen für die Systematik der Schwämme festgestellt worden, an der Identität der Species bei diesen 11 Exemplaren nicht gezweifelt werden kann.

Folgende verschiedene Nadelformen kommen in jedem vollständigen Schwamme nebeneinader vor: Die bei weitem häufigsten und verbreitetsten sind spindelförmige, an jedem Ende zugespitzte, gerade oder wenig gebogene Nadeln, wie sie ähnlich bei fast allen Kieselspongien sich finden. Sie sind von sehr verschiedener Länge und Dicke, im Vergleich zu anderen Spongiennadeln ziemlich lang, bis zu 1''' und darüber, oft jedoch auch viel kürzer, an Dicke 0,005—0,007''' selten überschreitend. Die Enden sind gewöhnlich nicht glatt pfriemenförmig ausgebildet, sondern entweder, wie bei den meisten kürzeren Nadeln, mit kleinen Zäckchen besetzt (Taf. III. fig. 1), oder vor der Spitze wenig kolbenförmig angeschwollen, in welchem Falle die Anschwellung bald eine mehr glatte, bald eine dicht zackige Oberfläche zeigt (fig. 2, 3, 4) Wo die Zäckchen fehlen, ist die Zuspitzung oft so abgesetzt wie in den figg. 5, 6, 7 Auch Verschiedenheiten beider Enden an einer und derselben Nadel kommen vor, der Art, dass das eine abgerundet, das andere zugespitzt ist (fig. 4 a, wo beide Enden wieder mit feinen Zäckchen besetzt sind, was nicht immer der Fall ist).

Der Centralkanal, welcher keiner Spongienkieselnadel fehlt, ist bei den in Rede stehenden sehr fein, und kann nur bei 3—400 mal. Vergrösserung deutlich gesehen werden. Er ist, wie oben bei den abortiven dicken kurzen Nadeln des Axenstranges beschrieben wurde, auch bei unseren am engsten in der Mitte der Nadel, nach den Enden zu erweitert er sich und nimmt eine gewisse Unregelmässigkeit der Begrenzungen an. Oefter sah ich Nadeln, an deren Ende der Centralkanal offen ausmündetete, wie Taf. II. fig. 9 darstellt.

Ganz constant findet sich bei allen diesen Nadeln ziemlich genau in der Mitte eine Eigenthümlichkeit des Centralkanales, durch welche die gleich zu beschreibende so häufige Kreuzform der Nadeln vorbereitet ist, ein ganz kurzer feiner Querkanal, welcher den Längskanal rechtwinklig schneidet. Die betreffende Stelle erscheint als zarte Kreuzlinie in der Mitte jeder Nadel — genau so, wie wir es oben von den dicken Nadeln beschrieben haben.

Sobald dieser Querkanal länger als ein Viertel etwa des Dickendurchmessers der Nadel geworden, markirt sich die Stelle, wo er liegt, äusserlich durch zwei kleine Anschwellungen in der Richtung der Kreuzschenkel. Diese können der Art auswachsen, dass die Nadeln selbst Kreuzform annehmen, wie solche in fig. 9 u. 10 abgebildet sind. Unter diesen sind viele, welche auf ihrer ganzen Oberfläche kurze spitze Zäckchen tragen wie die in fig. 12 u. 14 dargestellten. Ihrer Form nach sind diese gedrungen, kurz und dick. Sie finden sich in dichten Massen im Innern des Axenstranges des Spongienkörpers namentlich der oberen Grenze des Schwammes entsprechend. Auch sind sie in grosser Menge in dem Polypenüberzuge des Kieselfadenstranges, und zwar auch wieder vorzugsweise dicht in der Nähe des Schwammkörpers anzutreffen. Unter diesen kurzen gedrungenen zackigen Nadeln sind auch einfach stäbchenförmige wie fig. 11 u. 13, bei denen aber der Centralkanal doch deutlich die Andeutung der Kreuzform zeigt. Sehr vereinzelt sind Nadeln wie fig. 15, dreischenklige, bei denen sich nur einer der beiden Kreuzschenkel regelmässig entwickelte, der andere nur angedeutet ist.

Eine andere Reihe von Nadelformen geht hervor aus solchen pfriemenförmigen, bei denen dem Axenkanal in der Mitte zwei unter rechtem Winkel sich kreuzende Seitenäste rechtwinklig aufgesetzt sind (Taf. IV. fig. 1). Solche Spikula sind entweder ganz glatt oder mit feinen Zäckchen besetzt, oftmals nur in der einen Hälfte zackig in der anderen glatt (fig. 2). In den bei weitem meisten Fällen sind die Zacken dem Ende der Nadel, der Spitze zugekehrt, also wie an der Fahne einer Feder. Es kommen aber sowohl unter denen der vorigen Abtheilung mit einfachem Querkanal als auch unter denen mit doppeltem auch solche vor, bei denen die Spitzen der Zäckchen nach der Mitte der Nadel, also rückwärts nach Art von Widerhaken gerichtet sind (vergl. Taf. II. fig. 8), ganz wie dies bei den langen Nadeln des Kieselfadenstranges an ihrem oberen freien Ende stets beobachtet wird.

Wächst die Nadel in der Richtung der zwei unter rechtem Winkel sich kreuzenden Seitenäste des Centralkanales aus, so entstehen die sechsschenkligen Formen fig. 3 Taf. IV., ansehnlich grosse Gebilde, denen sich in der Form die in fig 4 dargestellten sehr kleinen, erst bei 300mal. Vergrösserung erkennbaren anschliessen, deren Schenkel stets fein zackig und an den Enden umgebogen sind. Sie kommen zahlreich in allen Schwämmen vor.

Sehr verbreitet sind die unter fig. 5—9 gezeichneten Formen, welche sich aus der vorigen dadurch ableiten lassen, dass eine Hälfte der primären Nadel als geschwunden zu betrachten ist. Die grösseren, fig. 5 u. 6 sind seltener, die kleineren, fig. 7, 8, 9 dagegen durch den ganzen Schwamm sehr verbreitet. Auch bei letzteren kommen noch grosse Verschiedenheiten der Grösse und relativen Länge der einzelnen Schenkel vor. Vier derselben pflegen gleich lang zu sein: der fünfte, ersteren unter rechtem Winkel aufgesetzte, übertrifft diese dagegen meist bedeutend an Länge. Alle sind mit feinen gegen die Spitze der Nadeln gerichteten Zäckchen besetzt. Ein Axenkanal ist an allen wahrzunehmen. Es finden sich diese quirlförmigen Spikula meist in dichten Massen an den grösseren Bündeln pfriemförmiger Nadeln so angeordnet, dass die langen Schenkel alle nach einer bestimmten Richtung und zwar von den langen Nadeln ab gerichtet sind.

Die bisher beschriebenen Formen liessen sich alle leicht auf die Grundform der beiderseits zugespitzten pfriemenförmigen Nadel zurückführen, für welche jedoch als characteristisch die Kreuzbildung in der Mitte des Axenkanales gelten muss. Wir haben nun noch zweier anderen unter sich offenbar verwandten aber den bisher beschriebenen ferner stehenden Arten Erwähnung zu thun. Es sind das Gebilde welche an die sogenannten Amphidisken, wie sie durch *Ehrenberg* und namentlich durch *Lieberkühn* bei den Süsswasserschwämmen nachgewiesen sind, erinnern. Wir haben grosse und kleine zu unterscheiden. Letztere, welche nicht über 0,007''' lang werden, und daher erst bei 3—400mal. Vergrösserung ordentlich erkannt werden können, sind wie es scheint in fast allen Theilen des Schwammes sehr verbreitet. Bei erster Betrachtung erscheinen sie wie in fig. 10 a Taf. IV. als kleine Doppelanker. In der That haben sie aber die Gestalt von zwei mit den Stielen unter einen Winkel von 180° an einander gelegten aufgespannten Regenschirmen. Einem feinen wie es scheint drehrunden, in der Mitte etwas höckerigen Stäbchen sitzt an jedem Ende eine zarte Glocke wie ein Pilzhut dem Stiele auf (fig. 10 b). Die convexe Oberfläche der Glocke ist radiär streifig, und scheinen diese Streifen wie die

Fischbeinstäbchen des aufgespannten Regenschirmes ein wenig über den freien Rand hinauszuragen. Solcher Streifen sind 18—20 zu zählen. Ihre Grösse variirt nicht bei den kleinen und grossen Exemplaren von Hyalonema.

In der Gestalt ähnlich aber vor allem durch ihre ansehnliche Grösse unterschieden sind die Amphidisken fig. 11 u. 12. Ein höckeriger, von deutlichem Centralkanal durchsetzter Stab läuft an beiden Enden in ein System rückwärts gebogener Haken aus, deren Zahl zwischen 7 und 9 schwankt, und die in gleichen Abständen rings von dem knopfartig angeschwollenen Ende des Stabes ausgehen. Die Länge dieser Haken variirt, wie die beiden Figuren zeigen. Die grössten Exemplare sehen wie fig. 12 aus, die kleineren wie fig. 11. Die Gesammtlänge sah ich schwanken zwischen 0,07 und 0,15'''. Uebergänge zwischen diesen und den kleinen Amphidisken kommen nicht vor. Nicht unwichtig ist, dass, wie bei den übrigen Nadelformen des Hyalonema, auch bei diesen Amphidisken der Centralkanal in der Mitte durch einen kurzen Querkanal gekreuzt wird.

Es könnte gegen obige Darstellung, dass alle die verschiedenen Nadelformen zu derselben Schwammspecies gehören sollen, der Einwand erhoben werden, ich hätte dem Schwamme zufällig adhärirende, ihm fremde Kieselgebilde als integrirende Bestandtheile desselben angesehen, und könnte somit die Zahl derselben durch Untersuchung neuer Exemplare leicht ins Unendliche vermehrt werden. Hiergegen habe ich anzuführen 1) dass alle die abgebildeten Formen bei einer grösseren Zahl von Exemplaren wiederholt gesehen worden, und so bestimmte Theile des Schwammes einnehmen, dass an eine zufällige Ablagerung von aussen nicht gedacht werden kann; und 2) dass trotz der äusseren Verschiedenheiten doch alle auf gemeinsame Grundformen zurückgeführt werden können, welche bei anderen Schwämmen bisher noch nicht beobachtet wurden. Nur bei der nach meiner Meinung den Hyalonemen äusserlich sehr verwandten Gattung Euplectella *Owen* finden sich, wie unten ausführlicher angeführt werden soll, auch verwandte Nadelformen.

Zur leichteren Orientirung und Uebersicht will ich schliesslich noch eine kurze zusammenhängende Darstellung der Vertheilung der verschiedenen Nadelformen in den Schwämmen geben. Ueberall, wo deutlich strangweise Anordnung der Nadeln und Durchflechtung der Stränge in mannigfacher Richtung vorkommt, also namentlich an der Oberfläche der Schwämme, überwiegen die lang stäbchenförmigen oder pfriemförmigen Bildungen. Ihren Bündeln sitzen meist in regelmässiger Anordnung die Quirlformen, wie sie fig. 7, 8, 9 auf Taf. IV. dargestellt sind, an und zwar das Kreuz den Nadelbündeln anliegend, die gefiederte Spitze in den von den Bündeln umgrenzten freien Raum gerichtet, wie Stäbchen einer Reuse, die das Eindringen fremder Körper verhindern sollen. Die grossen Quirlnadeln sind mit den grossen sechsschenkligen, fig. 5 u. 3, Taf. IV. vorzugsweise an der Oberfläche in der Umgebung der runden Schornsteine zu finden. Nach innen gegen den Axenstrang nehmen die Kreuznadeln zu, und sind am zahlreichsten, ohne dass ein bestimmtes Gesetz der Anordnung hervorträte, in dem den Axenstrang erfüllenden Nadelfilz zu finden. Klopft und schüttelt man einen isolirten Axenstrang über einem Bogen Papier aus, so erhält man ein feines weisses Pulver, welches fast ausschliesslich aus kleinen Kreuznadeln wie fig. 9—14 Taf. III. besteht. Dabei bleiben zahlreiche längere und kürzere pfriemförmige Nadeln zwischen den Fäden des Axenstranges sitzen, die hier ein dichtes, durch angetrocknete organische Substanz meist fest verklebtes Gewebe bilden. Die kleinen Nadeln fig. 4 Taf. IV. habe ich, ebenso wie die kleinen Amphidisken, doch seltener als diese letzteren, fast überall im Schwamm zerstreut gefunden, eingebettet in die getrocknete organische Substanz, in welcher sie nach Zusatz von Kali oder Natronlauge in natürlicher Lage gesehen werden. Die grosse Aehnlichkeit dieser kleinen Amphidisken mit den bei den Spongillen des süssen Wassers auf den Gemmulae aufsitzenden sollte auch eine ähnliche Anordnung wie bei letzteren vermuthen lassen. Doch habe ich von einer solchen nichts auffinden können. Ihre Bedeutung bleibt ebenso wie die der grossen, viel selteneren und vorzugsweise an der Oberfläche der Schwämme vorkommenden Amphidisken vorläufig ganz unklar.

Wir erwähnten mehrfach die zwischen den Nadeln angetrocknete organische Substanz und haben über diese noch einige Worte zu sagen. Man könnte die Kieselschwämme der Meere nach der Natur ihrer organischen Substanz in zwei Abtheilungen bringen, solche bei denen die Kieselnadeln in Hornfasern eingeschlossen sind und solche bei denen die festere Hornsubstanz fehlt, deren Nadeln nur von den äusserst zarten vergänglichen Schwammzellen umgeben sind, die oft nur aus einem Klümpchen Protoplasma mit Kern bestehen, ohne dass eine feste Membran auf ihrer Oberfläche differenzirt ist. Zwischen beiden Abtheilungen von Schwämmen dürften aber Uebergänge vorkommen, indem die feste sogenannte Hornsubstanz nur aus zusammengeflossenen Schwammzellen, durch Erhärtung sogenannter Sarcode, oder wie man sich besser ausdrücken wird, Protoplasma d. h. Zelleninhaltssubstanz, zu entstehen scheint [1]), und in ihrer Resistenz bei verschiedenen Arten mancherlei

---

[1]) Welche Veränderungen chemisch und morphologisch Protoplasma d. h. Zellinhalt oder Zellsubstanz eingehen kann, lehrt die Entwickelungsgeschichte pflanzlicher und thierischer Gewebe. Ein dem Fadennetzen der Hornspongien sehr ähnlich aussehendes aber freilich aus Cellulose bestehendes Netzwerk ist dasjenige, welches in dem Embryosack von Pedicularis sylvatica und in den grossen Zellen der Caulerpa-Arten

Verschiedenheiten bestehen, welche auf eine allmählige Umwandlung aus weicherer in härtere Masse deuten. Unsere Hyalonema-Schwämme würden zu der zweiten Abtheilung zu rechnen sein, indem bei ihnen nur unbedeutende Reste glasartig durchsichtiger, in Alkalien leicht löslicher organischer Substanz zwischen und auf den Kieselnadeln angetrocknet liegen. In dieser Substanz sind charakteristische Strukturverhältnisse nicht aufzufinden. Möglich dass in ihr bereits im lebenden Zustande eine solche Verschmelzung der Schwammzellen, wie sie der Bildung der Hornfäden nach meiner Ansicht vorausgeht, eingetreten war. Jedenfalls sind in ihr durch Aufweichen in Wasser oder verdünnten Alkalien bestimmte Andeutungen von farblosen Zellen nicht zu entdecken. Dabei ist freilich zu bedenken, dass von der zarten organischen Substanz im Laufe der Zeit, bei der anfänglich wahrscheinlich vorgenommenen Maceration und Reinigung, sowie während der Aufbewahrung im trocknen Zustande, wo äusseren zerstörenden Einflüssen freier Zutritt gestattet war, Manches verloren gegangen sein wird.

Bei Betrachtung der beiden grossen auf Taf. I. u. II. abgebildeten Schwämme fiel sogleich eine die Innenwand der meisten der auf der Oberfläche mündenden Röhren auskleidende gelbbraune organische Substanz auf, welche als ziemlich dicker, mehr weniger vollständiger Belag fest mit den Kieselnadeln verbunden war. Natürlich hoffte ich hier angetrocknete Schwammsubstanz in reichlicher Menge zur Untersuchung zu finden, erstaunte aber nicht wenig, als nach mehreren Versuchen endlich aus der in erwärmter Natronlauge aufgeweichten Masse ganz constant Anhäufungen von Nesselorganen zum Vorschein kamen und blattförmige, mit Nesselbläschen dicht gespickte Organe, welche für

gefunden wird. Hier verwandelt sich ein weiches und (wie wenigstens bei Pedicularis beobachtet ist) Körnchenbewegung zeigendes Protoplasma-Fadennetz in Zellstofffäden, welche, so lange die Zelle lebt, sich aus dem noch übrigen Protoplasma fortwährend verdicken (vgl. Schacht, Lehrbuch der Anatomie und Physiologie der Gewächse, Th. I. 1856, p. 37). Für Caulerpa liegt mir die Beschreibung von Noegeli vor (Zeitschr. f. wissensch. Botanik. 1. Heft. 1844, p. 157), nach welcher kein Zweifel möglich scheint, dass die Bildung der Netze in den colossalen Zellen ganz wie bei Pedicularis zu Stande kommt. Ich halte es für wahrscheinlich, dass das Netzwerk der Hornschwämme einer analogen Erhärtung von Protoplasma seine Entstehung verdankt. Der Unterschied möchte, abgesehen von dem verschiedenen chemischen Verhalten nur noch darin liegen, dass wir es bei Caulerpa und Pedicularis mit dem Inhalte nur einer einzigen Zelle zu thun haben, während bei den Hornschwämmen viele Zellen zusammenschmelzen mussten, um das Protoplasma-Netzwerk zu bilden, das allmählig erhärtet. Die Schwammzellen entbehren einer von Inhalte chemisch differenten, scharf abgesetzten Membran, wie wahrscheinlich alle mit amoebenartigen Bewegungen begabte thierische und pflanzliche Zellen. Eine nach viel minder erhärtete Rindenschicht des Protoplasma mag in einzelnen Fällen vorhanden sein. Solche Zellen können unter Umständen in grösseren oder kleineren Gruppen zu einer so zu sagen homogenen Protoplasma-Masse zusammenverkanden. Dergleichen kommt, wie ich glaube nachweisen zu können, bei der Entwickelung mancher Thiere und mancher Gewebe ganz gewöhnlich vor. Für die Hornfäden der Schwämme stelle ich diese Verschmelzung von Schwammzellen freilich nur als Hypothese hin. Dass dieselben oft Kieselnadeln, wie sie bei anderen Schwämmen in dem weichen Zellenparenchym liegen, und mancherlei fremde Körper enthalten, ist der Hypothese, wie ich glaube, nur günstig. Denn dass diese festen Körper nachträglich eingedrungen seien, ist nicht zu glauben, auch von Lieberkühn bereits mit triftigen Gründen bekämpft worden (vergl. Müller's Archiv. 1859 p. 518).

Nichts anderes als Polypenarme genommen werden konnten. Die Gebilde sind auf Taf. V. fig. 4 und die Nesselorgane in fig. 3 b, c, dargestellt. Wir haben es hier zweifelsohne mit parasitisch in den Poren des Schwammes angesiedelten Polypen zu thun. Hartgebilde bergen diese Polypenreste nicht. Faserzüge wie von Muskeln konnten in ihnen wahrgenommen werden und ansehnliche Mengen einer feinkörnigen und zugleich streifigen Masse, deren Bedeutung unklar blieb, sonst Nichts von bemerkenswerther Struktur, namentlich keine Andeutung der bei den unten zu beschreibenden Polypenparasiten des Kieselfadenstranges allgemein verbreiteten festen Bindesubstanz. Mit diesen letzteren dürfen die in Rede stehenden Polypen überhaupt nicht zusammengeworfen werden, denn es fehlt jede Andeutung, dass sie einen zusammenhängenden Ueberzug über den Schwammkörper bildeten. Jeder Polyp scheint selbständig für sich gelebt zu haben.

Endlich ist noch eines gelblichen organischen Ueberzuges zu gedenken, den ich auf mehreren Kieselfadensträngen antraf, die von dem im folgenden Abschnitte genauer zu beschreibenden Polypenüberzuge frei waren. Es sind die Exemplare 8, 9 und 10 nach obenstehender Beschreibung, deren oberflächlichen Kieselnadeln dieser Ueberzug in Form eines dünnen, gelbbraunen Häutchens ansass. Die feinere Struktur desselben ist der Art, dass ich zweifle, dass wir es hier mit den Resten einer künstlich entfernten Polypenröhre zu thun haben, vielmehr glaube, es möchte sich hier um wirkliche Schwammsubstanz handeln. In den tieferen Schichten des Kieselfadenstranges sind die Fäden zwar nur mit Resten farbloser Schwammsubstanz überzogen, ganz so, wie die Nadeln des Schwammkörpers, dennoch ist die Verbindung der oberflächlich gelegenen Nadeln mit dem erwähnten gelben Häutchen der Art, dass der Gedanke an einen natürlichen Zusammenhang beider nicht ganz von der Hand gewiesen werden kann. Die sonst weiche und farblose Schwammsubstanz, welche die Nadeln des Fadenstranges zusammenhält, könnte auf der Oberfläche zu einer dünnen, bräunlichen, hornartigen Rinde erhärten, und diese wäre es, mit der wir es hier zu thun haben.

Bruchstücke dieses feinen, leicht abbröckelnden Häutchens sind in fig. 5 u. 6 Taf. V. abgebildet. Die Struktur desselben ist eigenthümlich, indem aus der ganz homogenen Substanz sich in ziemlich regelmässigen geringen Abständen rundliche Höckerchen erheben, von denen aus nach allen Seiten strahlig feine Linien in die Grundsubstanz auslaufen. Die kugligen Höckerchen sind nicht überall gleich gross, die grösseren werden öfter unregelmässig nieren- oder birnförmig, wie am oberen Rande der fig. 5. gezeichnet ist, und diesen fehlen dann die strahligen Ausläufer. Die Masse ist sehr resistent, und vermochte ich dieselbe in kochender Natronlauge nicht zu lösen, obgleich sie etwas blasser wurde, und die

eigenthümliche Struktur sich mehr und mehr verwischte. In dieser Resistenz stimmt sie
überein mit der Hornfadensubstanz mancher Schwämme. Einen genaueren Vergleich mit
der chemischen Beschaffenheit letzterer haben wir nicht durchgeführt, da in dieser ziemlich beträchtliche Schwankungen vorkommen.

Was auf eine nähere Beziehung des braunen Häutchens zu den Kieselnadeln des
Hyalonema deutet, das sind solche Stellen, wie die in fig. 5 u. 6 abgebildeten. Nicht selten
sieht man, wie in fig. 6, kleinere Kieselkreuze in das Häutchen fest eingebettet. Um diese
herum zeigen sich Linien, wie wenn die Kieselnadel während des Wachsthums die braune
Substanz zusammengeschoben hätte. Auch die langen Kieselfäden können von dem Häutchen
so vollständig umschlossen sein, dass erstere nach dem Ablösen einen genauen Abdruck ihrer
Oberflächenverhältnisse zurücklassen. Dies tritt in fig. 5 sehr deutlich hervor, wo in dem
braunen Häutchen einer der mit feinen Zäckchen besetzten Absätze einer Kieselnadel (vergl.
Taf. II. fig. 4) seine Spuren zurückgelassen hat. Da diese Zäckchen ungemein leicht abbrechen und auch beim Abheben an solchen Stellen, wie der fig. 5 gezeichneten, fast immer
in den kleinen Taschen des braunen Häutchens sitzen bleiben, so wird die Wahrscheinlichkeit immer grösser, dass wir es hier mit dem ursprünglichen organischen Ueberzuge der
Oberfläche des Kieselfadenstranges zu thun haben, und nicht mit einer nach dem Tode des
Schwammes aufgelagerten, mit den gleich zu beschreibenden parasitischen Polypen in Verbindung stehenden Substanz.

Der Polypen-Ueberzug des Kieselfadenstranges.

Der bei weitem grösste Theil der bisher bekannt gewordenen Exemplare von Hyalonema besitzt auf der Oberfläche des Kieselfadenstranges auf längere oder kürzere Strecken
einen organischen, braungrünen oder braunschwarzen Ueberzug, eine Rinde von lederartiger, im trocknen Zustande harter und brüchiger Substanz, aus welcher sich in gewissen,
ziemlich regelmässigen Abständen cylindrische Knöpfchen von circa 1''' Durchmesser erheben, bei deren Anblick man sogleich an Polypen erinnert wird. Auch die Exemplare des
Leydener Museums besitzen, wie aus obigen Beschreibungen hervorgeht, fast alle, wenn auch
zum Theil nur auf kurze Strecken, diesen Ueberzug, und sind Exemplare mit solchem auf
Taf. II, fig. 1 u. 2 von mir abgebildet worden. Mannigfaltiger in Rücksicht auf diesen
Theil der Hyalonemen sind die Abbildungen von *Brandt* in seinem oft citirten Werke.

Offenbar ist dieser Ueberzug nicht an allen Exemplaren gleich gut erhalten, vielleicht sind auch Speciesunterschiede der Polypen — denn mit solchen haben wir es in der That hier zu thun — vorhanden. Im Allgemeinen sehen sich dieselben aber an allen Exemplaren sehr ähnlich. Die Rinde liegt dem Fadenstrange ganz dicht auf, und aus ihr erheben sich aus der gleichen Substanz gebildete, cylindrische Knöpfchen, welche inwendig hohl sind, und abgestutzt mit umgebogenem, crenelirten Rande endigen. In der Mitte dieses freien Endes befindet sich eine meist etwa Stecknadelkopf grosse Oeffnung, welche in das Innere des Knöpfchens führt. Auch diese ist ringsum faltig eingezogen, entsprechend den Crenelirungen des Randes der Endplatte. In Betreff der Höhe der Polypenknöpfchen kommen grosse Verschiedenheiten vor. Ich sah manche nur wenig über die Oberfläche der Rinde hervorragen, diese hatten eine breite Basis, stellten rundliche, flache Höcker dar, ohne Endplatte und ohne deutliche Crenelirungen, ja selbst ohne centrale Oeffnung, andere zeigten sich scharf abgesetzt, bis auf eine Linie und länger aus dem Mutterboden hervorstehend. So langgestreckte Polypen wie *Brandt* auf Taf. II. fig. 6 A. abbildet und als Typus seiner Gattung Hyalochaeta aufstellt, sah ich nicht, würde aber höchstens einen Species- keinen Gattungsunterschied durch die von *Brandt* angegebenen Merkmale begründet annehmen. Vorläufig und bis die Untersuchung frischer Exemplare genaueren Aufschluss gegeben, muss die Frage, ob wir es mit mehreren Species zu thun haben oder nicht, wohl unentschieden bleiben. Ueberhaupt hat, nachdem wir die Rinde des Kieselfadenstranges als Polyp erkannt haben, also als dem Hyalonema fremdartig, als parasitischen Ueberzug, die genauere Untersuchung desselben wenig Interesse mehr für uns. Polypen im trocknen Zustande sind für den Beobachter nicht mehr als etwa Reste eines vorweltlichen Thieres. Sie können zur Feststellung einiger allgemeiner Organisationsverhältnisse dienen, die systematische Stellung lässt sich allenfalls mit Genauigkeit ableiten, aber eine tiefere Einsicht in die Einzelheiten der Organisation der Weichtheile können sie selten gewähren. So beschränken wir uns denn darauf den Beweis zu liefern, dass es wirklich Polypen sind, mit denen wir es zu thun haben, und geben die Resultate der mikroskopischen Untersuchung der Gewebereste. Die systematische Stellung kann nicht zweifelhaft sein und ist auch bereits früher von *Valenciennes*, neuerdings von *Ehrenberg* angegeben. Es sind Polypen zu der Abtheilung der Zoantharia gehörig (vergl. Milne Edwards Hist. nat. der Coralliaires Tom. I, p. 298) zunächst vielleicht der Gattung Palython unterzuordnen. Ich nenne sie, vorläufig nur eine Species annehmend, Palythoa fatua.

Weicht man die harte, brüchige, braune Polypen-Rinde durch mehrstündige Behandlung mit Wasser auf, welche Erweichung durch Zusatz von etwas Natron- oder Kalilauge und vorsichtiges Erwärmen beschleunigt werden kann, so wird die Masse biegsam und leicht zerreisslich, ohne dass aber bestimmte Spaltungsrichtungen in ihr deutlich hervorträten. Doch lässt sich an vielen Stellen eine innerste, den Kieselnadeln unmittelbar aufliegende, dünne, dunkelbraun durchscheinende Schicht von einer dickeren, oberflächlichen, undurchsichtigeren trennen. Erstere setzt sich auch unter den Polypenknöpfchen continuirlich über den Kieselfadenstrang fort, indem sie nicht in die Wände jener mit übergeht. So ist es an gut erhaltenen Exemplaren zu sehen. Nur von der oberflächlichen lässt sich mit Sicherheit behaupten, dass sie den Bau einer Polypenrinde besitze, für die tiefere bleibt, wie wir sehen werden, die Möglichkeit offen, dass sie zur Spongie, zum Hyalonema gehöre.

Die Undurchsichtigkeit der Rinde rührt zum grossen Theile von einer Menge äusserlich in dieselbe eingelagerter, fremdartiger Gebilde her. Schon Betrachtung mit schwachen Vergrösserungen lehrt, wie schon von allen früheren Beobachtern angegeben wird, dass die Oberfläche mit vielen sandartigen Körperchen durchwebt ist, welche ihr eine rauhe Beschaffenheit geben. Nach dem Auflösen der organischen Substanz in kochender Kalilauge bleiben alle diese Körperchen zurück, und können jetzt am bequemsten studirt werden. Es sind Kiesel- und Kalksandkörner, Polythalamien- und Diatomeenschaalen gewöhnlich sehr viele Spongiennadeln, daneben mancherlei andere Dinge — kurz alle möglichen Bestandtheile des Meeressandes. Grenzt der Polypenüberzug bis an den Schwammkörper, so nimmt gegen diesen hin die Menge der Spongiennadeln ausserordentlich zu, so dass schliesslich die ursprünglich schwarzbraune Farbe des ersten in ein intensives Weiss übergeht, und durch die immer mehr zunehmende Menge eingesprengter Kieselnadeln die Vermuthung aufgedrängt wird, dass beide, Polypenüberzug und Schwammkörper, in organischem Zusammenhange stehen. Die Annahme eines solchen wird noch näher gelegt dadurch, dass die vorgefundenen Kieselnadeln alle oder fast alle mit denen des Hyalonema-Schwammes übereinstimmen. Namentlich sind es die kurzen dicken, dicht mit Höckern besetzten Kreuznadeln, die im obern Theile des Axenstranges des Schwammkörpers in ausserordentlicher Menge vorkommen, welche hier in dichten Massen eingelagert sind (vergl. *Brandt* l. c. pag. 5, Tab. III, fig. 15 u. 16) Neben den Kreuznadeln kommen noch manche andere vor, die wir aus dem Schwammkörper kennen gelernt haben, endlich vereinzelt auch Nadeln in Bruchstücken oder ganz, die dem Typus der Hyalonemanadeln nicht angehören, und vielmehr als zufällige Beimischungen des Meeressandes zu betrachten sind.

Fertigt man einen dünnen Querschnitt durch die in Rede stehende Rinde, so überzeugt man sich, dass die fremden Körper alle dicht an der äusseren Oberfläche haften (vergl.

Taf. V, fig. 1 cc.). Das eigentliche Gewebe ist ziemlich durchsichtig, gelbbraun gesprenkelt, und von anorganischen oder irgend welchen Hartgebilden frei. Nach dem Aufweichen in Wasser und dünner Kali- oder Natronlauge lässt sich in Betreff der feineren Struktur dieses Gewebes ermitteln, dass dasselbe aus einer farblosen Grundsubstanz besteht, in welche gelbbraune, grössere oder kleinere ovale Körper eingebettet sind, von denen allein die dunkle Farbe des Gewebes abhängt. Dasselbe sieht man auch auf Flächenansichten, wenn man die fremden Körper vorher zum Theil wenigstens entfernt und die Haut dadurch etwas durchsichtiger gemacht hatte.

Die Grundsubstanz scheint einen der Fläche parallelen lamellösen Bau zu besitzen, wie die Längslinien auf dem Querschnitte zeigen. An solchen sieht man aber noch andere Linien, aufsteigend von der inneren Fläche zur äusseren. Diese, ebenfalls an fig. 1 Taf. V. angedeutet, theilen sich öfter in ihrem Verlaufe, besitzen kleine Anschwellungen und erinnern lebhaft an Fasern der homogenen Bindesubstanzen, wie sie in manchen Gallertgeweben vorkommen. Manchmal schien es als ständen sie mit kleineren der gelben Farbstoffkörper in Verbindung, die in die Grundmasse eingebettet sind, so dass sie wie Ausläufer dieser offenbar als Zellen entstandenen Gebilde betrachtet werden konnten. Die Farbstoffbläschen sind von sehr verschiedener Grösse, diffus gefärbt, die kleineren meist heller, die grösseren dunkler, und enthalten in einer fast homogenen Inhaltssubstanz farblose ovale Körperchen, welche die grösste Aehnlichkeit mit Nesselorganen haben. Dieselben liegen in den grösseren der gelben Körper in ansehnlicher Menge beisammen, einzeln in den kleinern, während sie in den kleinsten ganz fehlen (vergl. fig. 2 Taf. V.). Sie bestehen aus einer starren, resistenten äusseren Haut und einem Inhalte, welcher in der einen Hälfte feinkörnig, in der anderen wie aus einem aufgerollten Faden gebildet ist. Bei 500facher Vergrösserung haben sie das Ansehn wie fig. 3 a. In Säuren und Alkalien, durch welche das Gewebe selbst aufgehellt wird, werden sie deutlicher, lösen sich aber in kochender Lauge auf, während sie heissen Mineralsäuren länger widerstehen. Sie liegen im Innern der braunen Bläschen ungeordnet durcheinander. Nur selten traf ich einzelne ausserhalb derselben. Diese konnten durch Verletzung bei Anfertigung der Präparate möglicher Weise ihre Stelle verändert haben.

Lässt sich schon hiernach nicht mehr bezweifeln, dass wir es in der Rinde mit echtem Polypengewebe zu thun haben, so liefert die Untersuchung der Knöpfchen, namentlich des weicheren Inhalts derselben noch weitere Beweise dafür. Die harte Rinde der Polypenknöpfchen hat durchaus denselben Bau wie die Muttersubstanz, aus der sie sprossen. Innen grenzt die Bindesubstanz, wie wir die lamellöse Grundsubstanz nennen wollen, an eine faserige farblose Masse (fig. 1 a.), welche muskulöser Natur gewesen sein dürfte, und nun folgt eine zerfallene, krümlige, bräunliche Substanz, in welcher theils wieder Blasen mit solchen Nesselorganen, wie wir sie beschrieben haben, theils und in grösserer Menge freie Nesselorgane in dichter Anhäufung vorkommen, deren Ansehn bei 500—800 mal. Vergrösserung das der fig. 3 b, c ist. Um sie zu studiren genügt nicht das Aufweichen in Wasser, es muss eine gelinde Erwärmung in Natronlauge hinzukommen; dann treten sie in voller Schärfe, wie in der Zeichnung angegeben, als ein zu einem spindelförmigen Körper aufgewundener Faden hervor. Eine Umhüllungshaut konnte ich an solchen Gebilden nicht wahrnehmen, dagegen sah ich den Faden öfter auf längere Strecken abgewickelt. Wir haben es hier ohne Zweifel mit ächten Nesselorganen, wie sie in dieser Form bei vielen Polypen vorkommen, zu thun. Aber auch ihre Anordnung spricht für Polypenstruktur. Zwar habe ich so deutliche und vollkommen erhaltene Polypenarme, wie *Brandt* sie auf Tab. III. fig. 1, 2, Tab. IV. fig. 1, 2 abbildet, an den mir zu Gebote stehenden Exemplaren nicht isoliren können, aber doch oft Aehnliches wie die fig. 4 meiner Taf. V. darstellt, in Bruchstücken gesehen, Nesselorgane in dichten Haufen auf der Oberfläche eines farblosen crenelirten Lappens, wie er in der angeführten fig. 4 aus einem anderen, auf dem Schwammkörper parasitisch vorkommenden Polypen abgebildet ist.

Eines Versuches, noch andere im Innern der Polypenknöpfchen vorkommende Theile zu deuten, enthalte ich mich, da die Beobachtung lebender oder in Spiritus aufbewahrter Exemplare, wie sie vielleicht bald möglich wird, jedenfalls viel vollständigere Auskunft über Alles hier in Betracht kommende geben wird. Es mag genügen, durch Vorstehendes die Polypennatur der fraglichen Gebilde auch durch die mikroskopische Untersuchung sicher bewiesen zu haben.

Es wurde oben erwähnt, dass die Rinde des Kieselfadenstranges sich öfter in zwei Lamellen spalten lasse, eine tiefere, welche unverändert auch hinter den Polypenknöpfen durchläuft, und eine oberflächliche. Auf letztere bezogen sich die bisherigen Angaben, über erstere hätte ich noch einige Bemerkungen zu machen. Sie ist verschwindend dünn gegen die oberflächliche Schicht, doch besteht sie oft wieder aus mehreren, dicht aufeinander geklebten Lamellen. Diese sind dunkelgelbbraun, strukturlos und sehr resistent gegen den Einfluss von Reagentien. Kochende Kalilauge, in welcher die eigentliche Polypenrinde sich schnell löst, greift die in Rede stehende Schicht anfänglich gar nicht an, so dass sie also auch auf chemischem Wege isolirt werden kann. Von der Fläche betrachtet zeigt sie schon bei ganz schwacher Vergrösserung eine dunkle netzförmige Zeichnung auf hellerem Grunde. Es sind dunkelbraune, vorzugsweise in der Längsrichtung verlaufende und durch

Queranastomosen untereinander zusammenhängende Balken, die ein Netz mit längsovalen, oft rundlichen Maschen umschliessen (vergl. fig. 7 Taf. V.). In den Maschen ist das Gewebe durchsichtiger und hier hängen oft Reste des eigentlichen Polypengewebes, namentlich Nesselorgane an. Die ganze Masse lässt sich in feine Lamellen spalten, die aber nur an den dunklen Balken leicht trennbar sind. Ein Querschnitt durch diese Haut zeigt die Balken oft zusammengesetzt aus 6—8 dicht aneinander liegenden und zur Abblätterung geneigten Häuten, während in den Zwischenräumen eine mehr homogene Substanz vorhanden ist.

Es fragt sich, ob diese eigenthümliche Masse mit zum Polypenüberzug gehört oder vielleicht als Schwammsubstanz betrachtet werden müsse. In die Polypenknöpfchen geht dieselbe nicht mit ein, sondern überzieht, wie schon erwähnt, hinter denselben den Kieselfadenstrang. Dies könnte für die letztangeführte Ansicht sprechen. Dennoch glaube ich, dass wir es auch hier mit einem integrirenden Theil des Polypengewebes zu thun haben. Es schien mir, als wenn Uebergänge der inneren Schichten der mit braunen Farbstoffbläschen durchsetzten Bindesubstanz zu der homogenen braunen Masse vorkämen. Auch scheint bei anderen Polyen etwas Aehnliches vorhanden zu sein, wie ich aus der Untersuchung einer Antipathes-Art erschliesse, deren organischer Ueberzug gegen den harten Chitinaxenstrang hin in eine ganz ähnliche braune Masse überging. Auch ist als nicht unwichtig anzuführen, dass beim Absprengen der Polypenrinde vom Kieselfadenstrange der in Rede stehende Ueberzug stets ersterer folgt, nie auf letzterem haften bleibt, und ferner, dass die Exemplare von Hyalonema, welche keinen Polypenüberzug besassen, doch aber von organischer Rinde nicht ganz entblösst waren, von dieser braunen, netzartig gezeichneten Masse keine Spur aufwiesen. Solche Exemplare zeigten dagegen Ueberreste der oben pag. 26 beschriebenen, auf Taf. V. fig. 5 und 6 abgebildeten eigenthümlichen Haut, welche ich für specifisch verschieden halte von der hier abgehandelten. Jene dürfte, wie wir uns oben aussprachen, in der That für ein fester, verhärteter Theil der organischen Substanz des Schwammes selbst gelten.

Schlussbetrachtungen.

Nachdem wir im Vorstehenden eine, so viel uns möglich war, genaue Darstellung des gröberen und feineren Baues der merkwürdigen und in gewisser Hinsicht einzig dastehenden Gebilde, welche mit dem Namen Hyalonema belegt wurden, gegeben haben, dürfte es wohl am Platze sein, zu fragen, ob es uns gelungen sei, die in der Einleitung ausgesprochene Ansicht über die Natur derselben sicher zu begründen, und hier am Schlusse noch einmal die Thatsachen zusammenzustellen, welche uns bewogen haben, die von *Gray* und *Brandt* vertheidigte Ansicht von der Polypenstock-Natur der Hyalonemen zu verlassen, und uns dahin auszusprechen, dass die Hyalonemen den Schwämmen zuzurechnen seien Zugleich hätten wir hier die Verwandtschaftsverhältnisse mit bereits bekannten Schwämmen zu besprechen, namentlich die schon oben als zunächst in Betracht kommend bezeichneten Euplectellen in Vergleich zu ziehen.

Dass die Structur der den Fadenstrang zusammensetzenden Nadeln mit der bekannten der Spongiennadeln übereinstimme, ist von mir durch Beschreibung und Abbildungen, wie ich glaube, zur Genüge erwiesen. Auch hat *Ehrenberg* auf Grund seiner reichen Erfahrungen auf dem Gebiete der mikroskopischen Hartgebilde niederer Organismen nicht angestanden, bei neuerdings ausgeführter Untersuchung der in Rede stehenden Fäden dieselben für Spongiennadeln zu erklären. Ein Polyp mit harter Kieselaxe ist bis dahin unbekannt: es scheint überhaupt nicht vorzukommen, dass Polypen Kieselerde in irgend einem Theile ihres Körpers ausscheiden, denn die Kieselerde der Zoantharienhaut rührt von deutlich nachweisbaren, als fremde Körper eingewebten Sandkörnern her, und *Haime*'s Angaben über Kieselnadeln bei Antipathes dürften, wie oben pag. 2 Anm. auseinandergesetzt wurde, auf Spongiennadeln zurückzuführen sein. War somit von vornherein die Ansicht von der Polypenstocknatur der Hyalonema-Stränge, als unseren bisherigen Erfahrungen arg zuwider, mit Misstrauen aufzunehmen, so wurde dasselbe nur gesteigert durch die bis auf die minutiösesten Einzelheiten sich erstreckende Uebereinstimmung in der Structur der Elemente der genannten Stränge mit Spongiennadeln. Ohne das Specielle darüber hier noch einmal wiederholen zu wollen führe ich als Beweis für diese Uebereinstimmung nur noch die Figuren 4—8 der Taf. XXIII in *Bowerbank*'s Abhandlung „on the Anatomy and Physiology of the Spongiadae" (Philosophical transactions 1858 p. 279) an. Die Arbeit von *Bowerbank* verbreitet sich über die Formen und Vorkommnisse verschiedenster Spongiennadeln, und giebt eine interessante Uebersicht über die enorme Mannigfaltigkeit der

Hartgebilde der genannten Organismen. Sie wird besonders werthvoll dadurch, dass zu ihr viele seltene und bis dahin unbekannte Species von Schwämmen benutzt worden sind. Die angeführten Figuren beziehen sich auf ansehnlich dicke und aus zahlreichen Schichten zusammengesetzte Nadeln der Species Geodia Baretti und Andrewii, Thetea cranium und Euplectella aspergillum. In der ersten der genannten Figuren ist ein Querschnitt einer dicken Nadel von Geodia Baretti gezeichnet, welcher in Betreff der Schichten ganz dem von mir auf Taf. II, fig. 7 abgebildeten gleicht. Die folgenden sind dicken Nadeln entnommen, deren Schichten sich unter dem Einfluss einer Flamme abblätterten. Diese Abblätterung kommt an den Hyalonema-Nadeln in gleicher Weise vor, wie schon *Gray* anführte, und es ist in der That zu verwundern, dass *Bowerbank* der Hyalonemen mit keinem Worte erwähnt, da er doch in England Exemplare derselben sehen konnte, und sich schon aus den Beschreibungen *Gray's* der Verdacht entwickeln musste, dass hier Spongien vorlägen. Auch die von *Gray* als am unteren Ende der Hyalonemastränge constant vorkommend erwähnten Spongienkörper sind von *Bowerbank* nicht untersucht worden. Dagegen verdanken wir ihm Aufschlüsse über die Nadeln der Euplectellen, auf die ich unten zurückkomme.

Müssen wir somit aus der feineren Structur der Hyalonemafäden den Schluss ableiten, dass sie Spongiennadeln seien, so könnte doch ihre ganz ungewöhnliche Grösse noch einige Bedenken erregen. In Wahrheit sind Spongiennadeln von 1—2 Fuss Länge und der Dicke einer mässigen Stricknadel etwas bis dahin Unerhörtes. Somit würde es kein zu verachtendes Moment zur Stütze unserer Ansicht von der Spongiennatur der Fäden abgeben, wenn Uebergangsstufen von der $\frac{1}{10}$—$\frac{1}{12}$ Zoll kaum übersteigenden Länge gewöhnlicher Spongiennadeln zu den colossalen unserer Hyalonemen aufgefunden würden. In der That existiren solche Uebergangsstufen. Der ausgezeichnet schöne Schwamm den *Quoy* und *Gaimard* unter dem Namen Alcyoncellum speciosum[1]), *Owen* als Euplectella aspergillum[2]) beschrieben haben, so wie die später von *Owen* bekannt gemachte Euplectella cucumer[3]) bieten dieselbe dar. Die Abbildung letzteren Schwammes zeigt einen etwa 5 Zoll langen und 3 Zoll breiten Schwammkörper von eiförmiger Gestalt, eine hohle Blase, die Wand auf das zierlichste gewebt aus recht- und schiefwinklig sich kreuzenden Kieselnadeln, zwischen denen scharf begrenzte runde Löcher übrigbleiben, welche als die aus dem Innern des Schwammes führenden Ausströmungslöcher (soge-

---

1) Voyage de l'Astrolabe, Zoologie Tom. IV. p. 262.
2) Transactions of the Zoological society of London Vol. III. 1849, p. 203.
3) Transactions of the Linnean society 1859 vol. XXII. p. 117.

nannte Schornsteine) zu betrachten sind. Aus dem einen Ende dieses Schwammkörpers entwickelt sich ein Schopf langer, dünner und biegsamer Kieselnadeln, welche in Windungen einem fremden Körper, Stein oder Muschelconglomerat, sich anschmiegen. *Owen* führt über die Länge der einzelnen Nadeln Nichts an, doch erfahren wir von *Bowerbank* in seiner eben citirten Arbeit (pag. 281), dass er aus dem von *Owen* beschriebenen Exemplare Nadeln von über 3 Zoll Länge isoliren konnte. Da an der Spongiennatur der Euplectella ein Zweifel nicht möglich ist, so wäre also in deren langen Kieselnadeln ein Uebergang zu den noch längeren der Hyalonemen gefunden.

Was ferner den Polypen betrifft, welcher die Oberfläche der meisten Exemplare überzieht und die Veranlassung dazu gewesen ist, die ganzen Hyalonemen den Polypen anzureihen, so haben wir uns auf den Nachweis beschränkt, dass derselbe mit bekannten parasitisch lebenden Formen übereinstimme, und dass demnach auch von dieser Seite ein Grund nicht vorliegt, an der durch triftige Gründe gestützten Ansicht von der Spongien-Natur der Hyalonemen zu zweifeln. Der Polyp gehört nach Structur und Aussehen, wie schon *Valenciennes* und *Ehrenberg* erkannten, zu den Zoantharien. Polypen, welche in ihrer lederartigen, jeder eigenen festen Stütze entbehrenden Haut Sandkörner aller Art ansammeln, und sich so eine Festigkeit erringen, welche Ursache ist, dass sie beim Eintrocknen ihre Gestalt ziemlich unverändert behalten. Viele unter ihnen überziehen rindenartig allerlei fremde Körper. Alles dies passt auf die in Rede stehenden Polypen der Hyalonemen vollkommen. Rechnen wir dazu, dass wie *Brandt* ausführlich erörtert hat, die Gestalt der Polypen von allen anderen mit harter Axe durchaus abweicht, namentlich an eine Zusammenstellung mit den Gorgonien oder Antipathes-Arten, denen sie doch angereiht werden müssten, wenn die Kieselfäden zu ihnen als ihre harte Axe gehörten, nicht zu denken ist, dass ferner, wie auch *Ehrenberg* hervorhebt, eine von der Polypenrinde ausgehende organische Substanz die Kieselfäden nicht untereinander verklebt, wie der Fall sein müsste, wenn der Polyp der Mutterboden für die Kieselfäden wäre: finden wir nirgends auch nur die geringste Stütze, die von *Gray* und *Brandt* aufgestellte Ansicht über die Hyalonemen aufrecht zu erhalten.

Es ist nicht zu läugnen, dass es auf den ersten Blick merkwürdig erscheint, dass fast alle Exemplare des Hyalonema, die bisher bekannt geworden, mit der parasitischen Zoantharie überzogen sind. Ich sah nur 3 oder 4 Exemplare, bei denen keine Spur des Polypen zu entdecken war. Verhält es sich mit diesen so, wie ich oben als wahrscheinlich angegeben habe, dass der dünne bräunliche Ueberzug derselben angetrocknete Schwammsubstanz ist, oder mit anderen Worten, lässt sich von diesen Exemplaren erweisen, dass sie wirklich nie einen Polypenüberzug besassen: so wäre damit, wenn solche Exemplare den anderen gegenüber auch noch so selten sind, die Sache entschieden. Wer Gelegenheit haben wird, den Gegenstand an Ort und Stelle zu verfolgen, wird hierauf seine Aufmerksamkeit zu richten haben. Sehr möglich, dass die Japanesen im Handel die Exemplare mit Polypen denen ohne solche vorziehen. Wenigstens deutet eine Bemerkung *Brandt's* darauf, der behauptet, an einem seiner Exemplare Spuren einer künstlichen Nachbildung der Polypen angetroffen zu haben.

Immerhin werden wir anzunehmen haben, dass die Zoantharie, oder, wie wir den Polypen oben benannt haben, die Palythoa fatua im Meere um Japan nicht sehr selten sei, und dass sie nicht bloss Hyalonemen sondern auch andere Meeresproducte öfter überziehe. Unsere Sammlungen enthalten wenig specimina aus den japanischen Meeren, und wir haben uns somit nicht zu wundern, wenn uns der Polyp anderweitig noch nicht begegnet ist. Möglich, dass er sich bereits als Ueberzug irgend welcher anderer Körper in einer oder der anderen Sammlung vorfindet. Jedenfalls würde in Zukunft auch dieser Punkt mit besonderer Aufmerksamkeit zu verfolgen sein.

Es fragt sich endlich ob, die Spongiennadel-Natur der Hyalonemafäden zugegeben, die Anordnung, in welcher wir dieselben in den Sammlungen finden, die ursprüngliche, natürliche sei, oder ob die von *Ehrenberg* ausgesprochene Ansicht, die Fäden seien aus einer noch unbekannten Spongie herausgelesen und künstlich zu Strängen zusammengedreht, um so als Zierrath verarbeitet zu werden — „ein Kunstproduct japanischer Industrie" — weiter aufrecht erhalten werden kann.

In der That darf ich wohl annehmen, dass nach dem, was in den vorstehenden Capiteln mitgetheilt worden, auch ohne dass wir auf eine Widerlegung der *Ehrenberg'*schen Ansicht speciell eingingen, kaum Jemand eine Vertheidigung derselben übernehmen möchte. Der Umstand, dass *Ehrenberg* nur ein einziges Exemplar zu Gebote stand und diesem der Schwammkörper bis auf einige wenige, dem unteren Ende des Kieselfadenstranges eingewebte Reste fehlte, macht es einigermassen erklärlich, dass er auf eine so gekünstelte Ansicht über die Natur des Gebildes verfiel, wie er sie ausgesprochen und alles Ernstes vertheidigt hat. Trotzdem halte ich es nicht für überflüssig, noch einmal kurz zusammenzustellen, was die Aufrechterhaltung der Ehrenberg'schen Ansicht unmöglich macht, die Gültigkeit unserer Deutung dagegen über jeden Zweifel erhebt.

1) Die Nadeln des Kieselfadenstranges sind theils gestreckt, theils spiral gewunden, die letzteren sehen wir allmählig aus den ersteren hervorgehen, wenn wir die Elemente von dem Centrum des Stranges nach der Peripherie verfolgen, wobei zugleich ein Unterschied in der Dicke der Nadeln der Art hervortritt, dass die dünnen im Centrum, die dicken, spiraligen aussen liegen.

Da es unmöglich ist, durch äussere Gewalt, durch Biegen oder Drehen, weder bei gewöhnlicher Temperatur noch nach vorgängigem Erwärmen, einer gestreckten Nadel eine bleibende spiralige Drehung zu ertheilen, wie die oberflächlichen Nadeln des Kieselfadenstranges sie haben, so folgt daraus, dass die Nadeln so gewachsen sind, wie sie vorliegen.

2) Nicht nur die spiralige Drehung der Nadeln und ihre Anordnung spricht dafür, dass die Nadelbüschel so entstanden sind, wie sie vorliegen: nicht weniger ungünstig der *Ehrenberg*'schen Ansicht ist die Beschaffenheit des unteren fein ausgezogenen Endes der Nadeln. An allen gut erhaltenen Exemplaren verdünnt sich dasselbe allmählig so weit, dass es im Ansehen von einer gewöhnlichen Schwammnadel nicht abweicht. Eine Verschmälerung bis auf $^1/_{50}$ Linie ist leicht zu beobachten: dieselbe ist aber nicht die äusserste. Ich muss behaupten, dass bei freiem Zusammenlegen vorher noch so sorgfältig isolirter Nadeln eine Erhaltung so feiner Enden eine Unmöglichkeit gewesen wäre.

3) Wie geht es aber zu, dass an den Exemplaren der Sammlungen diese feinen Enden sich so gut erhalten konnten, während an den entgegengesetzten Enden, wie oben angeführt worden, eine ähnlich feine Zuspitzung nie gesehen wird, diese vielmehr offenbar ziemlich entfernt von ihrem natürlichen Ende abgebrochen sind. Es ist die an allen vollständigeren Fadensträngen die untere Partie zu einer festen Masse verklebende Schwammsubstanz — ein Gewirre feinster Kieselnadeln, verklebt durch angetrocknete organische Substanz —, welche die fein ausgezogenen Enden schützte und eine Erhaltung derselben allein möglich machte.

Und diese Schwammsubstanz sollte nicht ursprünglich mit dem Kieselfadenstrange in Verbindung gestanden haben, nicht mit ihm zusammen entstanden sein? Wie die vollständigen Exemplare von Hyalonema lehren, ist diese das untere Ende des Fadenstranges verklebende Substanz nur ein Rest eines ansehnlichen Schwammkörpers, einer aus Kieselnadeln und vergänglicher Protoplasmasubstanz gebildeten Spongie, in welcher der Fadenstrang wurzelt. Die Nadeln des Spongienkörpers stimmen in ihren charakteristischen Formen mit den im Innern des Axenstranges eingebetteten, sicher künstlich nicht hineingebrachten Nadeln überein. Axenstrang und Spongienkörper stehen in so constanter, eigenthümlicher und dabei so natürlicher Verbindung, dass wohl nur ausgesuchte Zweifellust anstehen kann, nachdem zugegeben worden, der Fadenstrang sei aus Spongienelementen zusammengesetzt, nun auch zuzugeben, dass hier die Spongie gefunden sei in welcher die langen Nadeln entstanden sind.

4) Wem nach diesem Allen an weiteren neuen Beweise für die Zusammengehörigkeit des Fadenstranges und des Spongienkörpers gelegen ist, den erinnern wir daran, dass der

in den kurzen Nadeln des Spongienkörpers constant vorkommende einfache oder doppelte Querkanal des Axencanales auch in den langen Nadeln des Fadenstranges nachgewiesen wurde.

5) *Ehrenberg* scheint bei Vertheidigung seiner Ansicht von der künstlichen Bildung der Hyalonemastränge auf die Beobachtungen besonderes Gewicht zu legen, 1) dass er von den Nadeln des Fadenstranges, deren eines, das obere Ende, gewöhnlich das dickere, das untere dagegen das feinere sei, einzelne auch umgekehrt gefunden habe; und 2) dass den Nadeln jede sie untereinander verkittende organische Substanz fehle, welche doch vorhanden sein müsse, wenn sie in der Verbindung entstanden seien, wie sie uns vorliegen. In der That unterscheiden sich oberes und unteres Ende der Nadeln wesentlich von einander, wie oben beschrieben worden, und zwar nicht bloss in der Dicke, wie *Ehrenberg* meint, sondern vor Allem durch die an ersterem constant vorkommenden nach abwärts gerichteten Widerhaken. Diese sind aber nur bei sehr aufmerksamer Betrachtung mit blossem Auge zu erkennen, und lässt sich nicht voraussetzen, dass bei künstlichem Zusammenlegen eines Bündels von circa 300 Einzelfäden nicht mindestens einige Male eine Verwechselung der Enden vorgekommen sein müsste. Trotzdem fand sich bei dem von mir Nadel für Nadel zerlegten Exemplare auch nicht eine einzige in verkehrter Lage vor, und dasselbe fand, soweit sich ohne Zerlegen entscheiden liess, auch bei den übrigen 10 Exemplaren, die ich untersuchte, statt, so dass ich aus diesem Verhalten gerade einen Grund zu höchstem Misstrauen gegen die Annahme von der künstlichen Zusammenlegung ableiten muss. Und was zweitens den angeblichen Mangel an organischer Substanz auf der Oberfläche der Kieselfäden betrifft, so kann ich nach meinen Untersuchungen auch diesen nicht bestätigen. Ich finde auf der Oberfläche aller, namentlich der aus der Mitte des Fadenstranges entnommenen Nadeln, deutliche Reste eiweissartiger Substanz, welche als Ueberbleibsel der Schwammzellensubstanz zu betrachten sind. Die Menge dieser Substanz wird früher, und namentlich im frischen Zustande, viel grösser gewesen sein, sie ist durch Fäulniss und Maceration schon im Meere und endlich vielleicht durch fressende Insekten noch in den Sammlungen zum gewiss nicht geringen Theil verloren gegangen. Aber dass sie vollständig fehle, ist nicht wahr, vollends nicht wenn es sich bestätigt, dass auch die bräunliche dünne Rinde einiger Fadenstränge, von der Bruchstücke in fig. 5 und 6 Taf. V. abgebildet sind, zu der organischen Substanz des Schwammes gehört habe. Immerhin kann gern zugegeben werden, dass die saubere Beschaffenheit der äusseren Fäden mancher Stränge einer geheimnissvollen Bürste kunstbeflissener japanesischer Hände zu danken sei.

Wir haben im Voranstehenden und in unserer vorläufigen, im April d. J. gedruckten Mittheilung über die Hyalonemen auf die nähere Verwandtschaft derselben mit bereits bekannten Schwämmen aufmerksam gemacht. Es sind das die **Euplectellen** *Owen* (**Alcyoncellum** *Quoy* und *Gaimard*).

Wir finden bei diesen ebenfalls sehr seltenen und nur in wenigen Sammlungen befindlichen Schwämmen aus einem cylindrischen oder ciförmigen Spongienkörper einen Schopf von Kieselnadeln hervorragen, welche zu einem lockeren Büschel vereint sind. Wie ich schon anführte, hat *Bowerbank* eine **Euplectella** genauer auf ihre Kieselnadeln untersucht und constatirt, dass Nadeln von 3 Zoll Länge in dem Fadenbusch vorkommen. Diese gleichen nach *Bowerbank's* Abbildungen in Schichtung und Dicke den dünnsten der Hyalonemafäden vollkommen. Aber nicht nur der allgemeine Habitus und die Länge der Nadeln sind es, auf die wir die Behauptung einer näheren Verwandtschaft der **Euplectellen** mit den **Hyalonemen** gründen, auch die feinen Nadeln der Spongienkörper beider haben Vieles mit einander gemein.

In dem naturhistorischen Museum in Leyden existiren mehrere Exemplare von **Euplectella**. Von einem derselben habe ich die Nadeln untersucht und fand sie grösstentheils **dreischenkelig**, wie die in fig. 15 Taf. III. von Hyalonema abgebildete, nur erreichten die Schenkel, namentlich die beiden unter 180° zusammenstossenden, durchweg eine viel bedeutendere Länge. Es sind also wie bei Hyalonema **Kreuznadeln**, an denen ein Schenkel bis auf ein Minimum geschwunden ist. Zwischen diesen liegen pfriemenförmige, sehr dünne und lange Nadeln; sie zeigen eine mittlere Anschwellung, in welcher sich die **Kreuzstelle des Axenkanales** befindet. Noch andere nähern sich der sechsschenkeligen Form Taf. IV. fig. 3. Endlich bildet wieder andere aber in denselben Typus passende Nadelformen aus **Euplectella** *Bowerbank* l. c. Tab. XXV, fig. 24—37 ab. Durchaus charakteristisch verschieden von Hyalonema sind aber die Euplectellen durch die sonderbaren, den Amphidiscen wahrscheinlicher Weise äquivalenten **Sternnadeln**, die sich bei *Bowerbank* von **Eupl. aspergillum** auf Tab. XXV, fig. 39, Tab. XXVI, fig. 3, 4, 5, von **Eupl. cucumer** auf derselben Tafel fig. 8 u. 9 abgebildet finden. Ich habe sowohl diese als auch noch andere verwandte Formen gesehen. Die Mannigfaltigkeit derselben ist so gross, dass es sehr wünschenswerth erscheinen muss, eine genaue durch Zeichnungen erläuterte Analyse aller Nadelformen der Euplectellen ausgeführt zu sehen, zu welcher das Leydener Museum hinreichendes Material bieten würde.

Soviel geht aus den Abbildungen *Bowerbank's* und meinen eigenen, freilich nur auf eine kleine Portion einer Euplectella sich beziehenden Untersuchungen hervor, dass der

Typus, nach welchem die Hauptmasse der Nadeln gebildet ist, dem der Hyalonema-Nadeln gleicht. Wir könnten diesen Typus als den der **einfachen oder doppelten Kreuzform** bezeichnen. Unter allen von *Bowerbank* untersuchten Schwämmen kommen ähnliche Nadeln nur noch bei Dactylocalyx pumiceus (*Stutchbury*) (Iphiteon *Mus. par.*) vor, es sind die l. c. Tab. XXV, fig. 35 und 39, Tab. XXVI, fig. 7 gezeichneten. Ich habe keine Vorstellung von der Gestalt und Struktur dieses Schwammes. Vielleicht passt er auch in anderen Beziehungen zu unseren Hyalonemen und Euplectellen. Möglich, dass die Zahl der verwandten Arten sich bei weiteren Nachforschungen noch mehrt. *Ehrenberg* hat Kreuznadeln im Südpolarmeere gefunden und als Spongolithis trachystauron bezeichnet [1]). Ganz kürzlich giebt Dr. *Leidy* [2]) in Philadelphia bei Vorzeigung eines Exemplares von Hyalonema aus Japan, das auch er für eine Spongie erklärt, die Notiz, dass die Akademie einen Schwamm von Santa Cruz besitze, welcher mit Hyalonema grosse Aehnlichkeit habe. Nach der kurzen Beschreibung kann es eine Euplectella sein. Die bisher beschriebenen Exemplare dieser Gattung stammen von den Philippinen, Molucken und Seychellen. Es giebt Santa-Cruz-Inseln unter den Neu-Hebriden, also wie die Philippinen in der Nähe von Neuholland. Ob aber diese Santa-Cruz-Inseln gemeint sind oder ein anderer der vielen Orte gleichen Namens, ist nicht gesagt. Möglicher Weise liegt also auch hier eine neue Form vor [3]).

Wir sehen somit eine kleine Gruppe innerhalb der Kieselnadelschwämme (Halichondrinen) entstehen, deren Angehörige charakterisirt sind erstens durch die Entwickelung **sehr langer Nadeln**, welche sich zu einer strangartigen Fortsetzung des Schwammes ordnen, und zweitens durch eigenthümliche **Kreuzform** wenigstens der kleinen Nadeln, bedingt dadurch, dass der Axenkanal in der Mitte zwischen beiden Enden mit rechtwinklig aufgesetztem einfachen oder doppelten Querkanal versehen ist, aus welcher Bildung die Kreuzschenkel sich entwickeln. Möglich, dass in einem späteren System der Spongien diese Schwämme zu einer besonderen Familie oder Unterfamilie vereint werden.

---

1) Monatsberichte der Akad. d. Wiss. z. Berlin 1844, p. 187. Ebenda 1860, p. 170.
2) Proceedings of the Academy of natur. sciences of Philadelphia 1860, pag. 83.
3) Natürlich bleibt es zweifelhaft, ob die Kreuzform der Nadeln nicht auch Schwämmen anderer Familien zukomme. Vor der Hand liegt kein Beispiel der Art vor. Nadeln mit mittlerer, knopfförmiger Anschwellung sind häufig. Bei derartigen, von *Ehrenberg* Mikrogeologie Tab. 15, fig. 103, Tab. 25, fig. VI, 32, 30, Tab. 39, fig. 1, 88 abgebildeten Formen findet sich an der Stelle der äusseren Anschwellung eine spindelförmige oder blasige Erweiterung des Axenkanales, aber kein rechtwinklig aufgesetzter Querkanal, wie er für die Hyalonemeen und Euplectellen charakteristisch ist. Eine echte Kreuzform mit rechtwinklig aufgesetzten Schenkeln ist die von *Ehrenberg* Mikrogeologie Tab. 20, fig. 1, 12 abgebildete Nadel aus dem Mergel von Zante. Von dem oben erwähnten Spongolithis trachystauron scheint eine Abbildung nicht zu existiren.

Mit dieser Perspective auf die Zukunft sind wir am Schlusse unserer Mittheilungen angelangt. Leider musste in denselben, bedingt durch die Unvollständigkeit des Materials, Manches unentschieden bleiben, was wir gern zum Abschluss gebracht hätten. Ich würde mich freuen, wenn meine Untersuchungen dazu beitrügen, die Zeit schneller herbeizuführen, in welcher wir Nachricht über lebende, an Ort und Stelle in Japan gesammelte Exemplare erhalten. Vielleicht bietet sich schon dem talentvollen Zoologen, welcher die preussische Expedition nach Ostasien begleitet, die Gelegenheit, an frischen, vollkommen gut erhaltenen Hyalonemen die Lücken in der Beobachtung auszufüllen, die unsere Darstellung lassen musste.

Erklärung der Abbildungen.

Taf. I.

Vollständiges Exemplar von Hyalonema Sieboldi *Gray* aus dem naturhistorischen Museum zu Leyden, in natürlicher Grösse. Die ausführliche Beschreibung desselben findet sich auf pag. 8.

Taf. II.

Fig. 1. Vollständiges Exemplar von Hyalonema aus dem Leydener Museum. Der Schwammkörper ist gespalten, um den Verlauf des Kieselfadenstranges im Innern zu verfolgen. Ueber dem Schwammkörper ist der Fadenstrang auf mehrere Zoll Länge von dem parasitischen Polypen, Polython fatua *mihi*, überzogen. Vergl. die Beschreibung auf pag. 7.

Fig. 2. Kleineres aber ebenfalls vollständiges Exemplar von Hyalonema aus dem Leydener Museum. Der Schwammkörper ist dichter als bei den beiden vorigen grösseren Exemplaren. Der Kieselfadenstrang ist oberhalb des Schwammkörpers wieder mit dem Polypen, Polython fatua, überzogen. Vergl. die Beschreibung auf pag. 9.

Fig. 3. Stück aus der Mitte einer der dünneren Nadeln des Fadenstranges bei 200facher Vergrösserung gezeichnet. In der Mitte verläuft der Axenkanal, zu beiden Seiten desselben sind die Schichtungslinien sichtbar. Das untere Ende ist nach den Schichten abgeblättert.

Fig. 4. Stück des oberen Endes einer der langen Kieselnadeln mit den nach unten gerichteten widerhakenähnlichen Vorsprüngen, die mit Zäckchen besetzt sind. Die Erhaltung dieser letzteren ist der auf dieser Nadel angetrockneten organischen Substanz zuzuschreiben. Auch hier sind wieder die Schichtungslinien und der Axenkanal zu sehen. Vergrösserung ebenfalls ungefähr 200fach.

Fig. 5. Stück einer langen Nadel, dem obersten Ende entnommen. Die Vorsprünge dürften im unverletzten Zustande auch den zierlichen Besatz von kleinen Zäckchen besessen haben, wie sie auf fig. 4 zu sehen sind.

Fig. 6. Stück aus der Mitte einer der auf pag. 12 u. 14 ff. beschriebenen kurzen, dicken Nadeln bei ungefähr 250 facher Vergrösserung. Der Axenkanal wird in der Mitte durch einen feinen Querkanal gekreuzt, an dessen Seiten die ersten Schichtungslinien etwas ausweichen.

Fig. 7. Querschliff einer der dickeren Nadeln des Fadenstranges bei ungefähr 200facher Vergrösserung. In der Mitte ist der Durchschnitt des Axenkanales zu sehen, um ihn herum die Schichtungslinien, welche in den äusseren Partieen rechts etwas weiter auseinander stehen als links, eine Folge der wahrscheinlich mit der spiralen Drehung der Nadeln im Zusammenhange stehenden ungleichen Verdickung derselben.

Fig. 8. Kurze feine Nadel aus dem Schwammkörper. Eine seltnere Form mit gegen die Mitte gerichteten widerhakenähnlichen Vorsprüngen, ganz analog den am oberen Ende der langen Nadeln vorkommenden. Vergr. 200.

Fig. 9. Das eine Ende einer kurzen feinen Nadel aus dem Schwammkörper, mit offen auslaufendem Axenkanal. Vergr. 300.

Taf. III.

Sämmtliche Figuren dieser Tafel stellen Kieselnadeln aus dem Schwammkörper dar, welche das gemeinsam haben, dass der Axenkanal in der Mitte durch einen Querkanal gekreuzt wird, aus dessen weiterer Entwickelung die Kreuzform der Nadeln hervorgeht. Sie sind alle bei 2—300maliger Vergrösserung gezeichnet.

Fig. 1. Pfriemenförmige, an beiden Enden zugespitzte und hier mit feinen Zäckchen besetzte Nadel.

Fig. 2. Pfriemenförmige, gebogene, an den Enden abgerundete und hier mit feinen Zäckchen besetzte Nadel.

Fig. 3. Ebensolche, aber an den etwas keulenförmig angeschwollenen Enden nicht zackig, sondern nur unregelmässig rauh.

Fig. 4 u. 4ª. Kürzere und dickere Nadeln, von ähnlicher Form wie die vorhergehenden, letztere an einem Ende zugespitzt, am anderen abgerundet.

Fig. 5, 6, 7. Verschiedene Enden pfriemenförmiger Nadeln.

Fig. 8. Stück aus der Mitte einer dickeren Nadel des Schwammkörpers, um die Abblätterung der Schichten am abgebrochenen Ende zu zeigen, welche hier ebenso vorkommt, wie bei den dicken Nadeln des Fadenstranges.

Fig. 9 u. 10. Kreuznadeln von verschiedener Grösse, die Spitzen der Schenkel mit Zäckchen besetzt.

Fig. 11, 12, 13, 14. Kurze dicke Nadeln mit sehr groben Zacken besetzt, aus dem im Innern des Schwammkörpers eingeschlossenen Theile des Kieselfadenstranges. Ganz ebenso kommen sie auch noch oberhalb des Schwammkörpers im Kieselfadenstrange vor, und können durch Schütteln aus demselben entfernt werden. Eben solche endlich finden sich neben mancherlei anderen besonders zahlreich in der Oberfläche der parasitischen Palythoa fatua, wenn dieselbe bis zur oberen Grenze des Schwammes herabreicht.

Fig. 15. Dreischenklige Nadel aus dem Axenstrange des Schwammkörpers.

Taf. IV.

Sämmtliche Figuren mit Ausnahme der Figuren 10, 11 und 12 stellen Nadeln des Schwammkörpers dar, deren Grundform die pfriemenförmige Nadel ist, in deren Mitte der Axenkanal durch zwei rechtwinklig sich schneidende Querkanäle rechtwinklig gekreuzt wird. Vergrösserung 2—300, wenn sie nicht besonders angegeben ist.

Fig. 1. Pfriemenförmige glatte Nadel mit vier kleinen Höckern in der Mitte, welche den Enden der beiden Kreuzquerkanäle des Axenkanales entsprechen.

Fig. 2. Eben solche Nadel, in der einen Hälfte rauh durch zahlreiche gegen das Ende gerichtete Zäckchen.

Fig. 3. Sechsschenklige glatte Nadel. Dergleichen kommen in sehr verschiedener meist sehr ansehnlicher Grösse vor.

Fig. 4. Sechsschenklige Nadel von sehr geringer Grösse, bei 3—400facher Vergrösserung gezeichnet. Die Schenkel sind an den Enden umgebogen und in ganzer Länge mit feinen Zäckchen besetzt.

Fig. 5. Grosse quirlförmige glatte Nadel, kommt mit fig. 3 zusammen vor und besitzt auch oft ansehnliche Dimensionen.

Fig. 6. Dicke, kurze, quirlförmige Nadel mit abgerundeten Enden der Schenkel und kleinen Zäckchen an diesen.

Fig. 7, 8, 9. Schlanke quirlförmige Nadeln von verschiedener, aber nie sehr beträchtlicher Grösse. Sämmtliche Schenkel, namentlich aber der lange, sind gegliedert durch zahlreiche feine Spitzchen, welche stets nach dem Ende der Nadel gerichtet sind.

Fig. 10. Sehr kleine Amphidisken, welche zahlreich im Schwammkörper verbreitet sind. Vergröss. 400.

a) Von der Seite gesehen, wo sie wie kleine Doppelanker erscheinen.

b) In anderer Lage, um die einem Pilzhut gleichenden, glockenförmigen Endscheiben zu sehen.

Fig. 11 u. 12. Grosse Amphidisken, seltner als die kleinen, bei 100—200mal. Vergrösserung gezeichnet. In dem mittleren Stabe ist ein feiner Axenkanal zu erkennen, und dieser wird in der Mitte durch einen kurzen Querkanal gekreuzt.

Taf. V.

Fig. 1. Querschnitt der Polypenrinde des Kieselfadenstranges bei 180facher Vergrösserung.

aa) Faserzüge wahrscheinlich muskulöser Natur.

bb) Bindesubstanz, die Hauptmasse des Gewebes bildend, mit braunen Körpern, in denen Gebilde wie Nesselorgane liegen.

cc) Aeussere Oberfläche, rauh durch massenhaft eingelagerte fremde Körper, welche aus dem Meeressande stammen.

Fig. 2. Stück der Polypenrinde von der Fläche gesehen, nachdem die fremden Körper der Oberfläche entfernt worden. Im Innern der braunen Blasen liegen Nesselorgane wie fig. 3 a. Vergr. 250.

Fig. 3. Nesselorgane aus den parasitischen Polypen des Kieselfadenstranges; a) aus den geschlossenen braunen Blasen, wie sie in fig. 1 u. 2 abgebildet sind; b) u. c) freie Nesselorgane im Innern der Polypenknöpfchen, in einer Anordnung wie fig. 4. Vergr. bei a) und b) 400, bei c) 800.

Fig. 4. Polypenarm mit Nesselorganen besetzt, aus den auf dem Schwammkörper parasitisch angesiedelten Polypen. Aehnliche Gebilde finden sich in den Polypen auf der Oberfläche des Kieselfadenstranges. Vergrösserung 80.

Fig. 5 u. 6. Theile des braunen Häutchens, welches diejenigen Kieselfadenstränge überzieht, auf welchen keine Spur der parasitischen Polypen gefunden wurde. In fig. 5 findet sich der Abdruck einer langen Kieselnadel, und zwar einer Stelle, wie die auf Taf. II. fig. 4 gezeichnete; in fig. 6 ist eine Kieselnadel eingeschlossen. Vergr. 300. Vergl. die Beschreibung auf pag. 26.

Fig. 7. Theil des braunen Häutchens, welches die unterste Schicht der Polypenrinde der Kieselfadenstränge bildet, also den Kieselnadeln zunächst aufliegt und sich auch hinter den Polypenknöpfchen über die Kieselfäden fortsetzt. Die dunkeln Balken gehen stellenweise allmählig in die hellere Zwischensubstanz über. Vergr. 100. Vergl. die Beschreibung auf pag. 32.

Bonn. Druck von Carl Georgi.

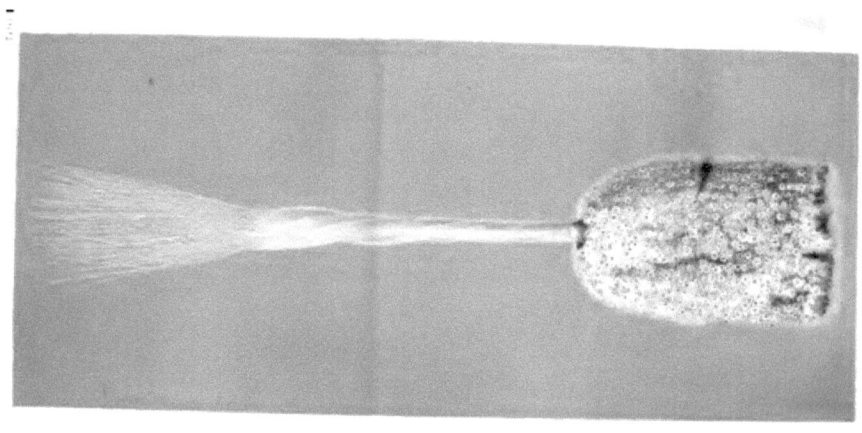

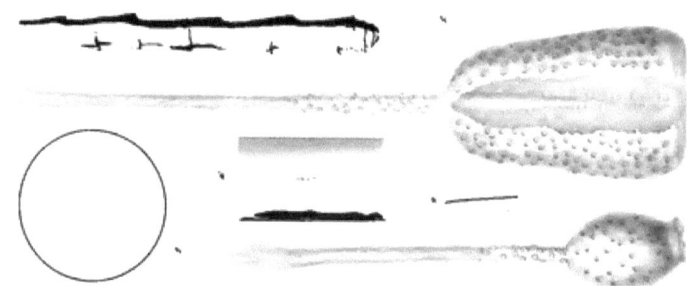

Taf. II.

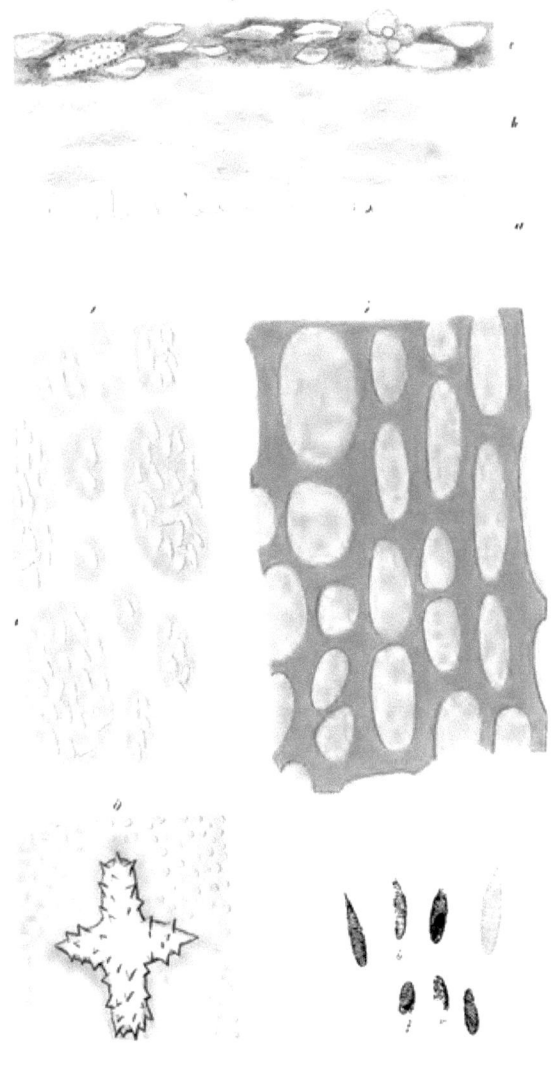